MARKETING TRENDS 2018

FRANCISCO ALBERTO **MADIA** DE SOUZA

MARKETING TRENDS 2018

M.BOOKS

M.Books do Brasil Editora Ltda.

Rua Jorge Americano, 61 - Alto da Lapa
05083-130 - São Paulo - SP - Telefone: (11) 3645-0409
www.mbooks.com.br

Dados de Catalogação na Publicação

Madia de Souza, Francisco Alberto.
Marketing Trends 2018 / Francisco Alberto Madia de Souza.
São Paulo – 2018 – M.Books do Brasil Editora Ltda.
1. Marketing 2. Administração
ISBN: 978-85-7680-300-3

©2018 Francisco Alberto Madia de Souza

Editor: Milton Mira de Assumpção Filho

Design da capa: Isadora Mira

Produção editorial: Lucimara Leal

Editoração: Crontec

2018
Direitos exclusivos cedidos à
M.Books do Brasil Editora Ltda.
Proibida a reprodução total ou parcial.
Os infratores serão punidos na forma da lei.

FICHA TÉCNICA

MARKETING TRENDS é uma publicação anual do MADIAMUNDOMARKETING, resultado de um exaustivo e incessante trabalho de pesquisa de informações de diferentes fontes e plataformas, com todas as análises correspondentes, no sentido de mapear e identificar as TENDÊNCIAS DO MARKETING E DOS NEGÓCIOS para os próximos anos, realizado especialmente para os alunos da MADIA MARKETING SCHOOL, e para todos os clientes do MADIAMUNDOMARKETING.

De autoria e responsabilidade do diretor-presidente do MADIAMUNDOMARKETING, Francisco Alberto Madia de Souza, e com o suporte e colaboração de sua equipe de consultores e parceiros e dos diretores-sócios:

Fabio Madia – C.E.O. e consultor master com especialização em digital & global marketing

Sônia Teixeira – diretora de cursos e treinamentos em marketing e consultora master responsável pela Madia Marketing School e pela RHMC – Recursos Humanos em Marketing, Comunicação e Vendas.

Rosamaria H. H. Barna – diretora de assuntos legais relacionados ao marketing e consultora master responsável pela Madia e Barna Advogados

Marcia Aparecida de Sousa – diretora administrativa e responsável pelo portal da Academia Brasileira de Marketing

Maria Helena dos Santos – diretora financeira e responsável pelo portal Inteligemcia

HOMENAGEM

Nesta edição prestamos uma homenagem especial a todas as empresas que confiaram na competência, conhecimento e serviços do madiamundomarketing no correr de 37 anos. A todas, e do mais fundo de nosso coração, muito obrigado!

EX-CLIENTES/CLIENTES

11/21
AACD – Assoc. de Assistência à Criança Deficiente
ABAC – Associação Brasileira de Administradores de Consórcios
Abaeté
ABC Bull
ABC Propaganda
Abemúsica
ABILUX – Associação Brasileira da Ind. da Iluminação
ABN Amro Bank
ABRE – Associação Brasileira de Embalagem
Abyara
Ação Comunitária do Brasil
Aché Laboratórios Farmacêuticos
Acnielsen
Adag
Age.Com
Agência Eureka de Publicidade
Agênciaclick
Agnelo Pacheco
Ajinomoto
Alain Delon Diffusion
Alcan-Rochedo
Aldo Lorenzetti
Alexandre Gama
Algar
AlmapBBDO
Alumni
Amesp Saúde
Andros Brasil
Aol Brasil
APP – Associação dos Profissionais de Propaganda

Armazéns Gerais Columbia S/A
Arquitetura Humana
Arruda Macho Comércio-Elke Maravilha
Artplan Publicidade
Associação Brasileira de Cimento Portland – ABCP
Associação Brasileira dos Acampamentos Educativos
Associação Comercial de São Paulo
Associação Rodrigo Mendes
Atacado Vila Nova
Auto Estilo
Avant Garde
Avon
Bahema – Arby's
Banco Alfa de Investimentos
Banco Bamerindus
Banco BBA Creditanstalt
Banco BCN
Banco Bilbao Vizcaya
Banco BMB
Banco BMC
Banco BMG
Banco Bradesco
Banco Crefisul de Investimentos
Banco Itaú
Banco Mercantil de São Paulo
Banco Pactual
Banco Santander
Banco Sudameris
Banco Sul América Scandinavian
Banco Volkswagen
Bates Brasil
Bauducco & Cia.
BBC Comunicações
Benedito Abbud
Big Brands
Big Man
Bolsa de Mulher
Bon Beef Restaurante
Borghierh Propaganda e Marketing
Bozano/Colorama
Bradesco Capitalização
Bradesco Saúde
Bradesco Seguros
Brandani
Brasciclo
Brascola
Brasil.Com
Brasilconsult Participações
Brasilprev
Brasinca
Bridge Comunicação
Brinquedos Estrela
Bristol-Myers Squibb
Buffet Magic Blue
C&A
C&Fm Televisão e Cinema
Caixa Econômica Federal
Calia Assumpção & Associados
Caloi
Câmara Brasileira do Livro
Camargo Campos
Camil Alimentos
Cápsula Comunicação
Carville
Casa de Ideias
Cavalcanti Advogados
CEDIPLAC
Cemitério Israelita de São Paulo

Centro Automotivo Eldorado
Centro de Estudos de Enfermagem 8 de Agosto
Centro Educacional Brandão
Cheil Comunications
Chopp & Cervejaria Germânia
Christian Dior
Christina Carvalho Pinto
Cia. União dos Ref. de Açúcar E Café
Cinasita
Circuito Digital
Citibank
Ckapt Marketing Direto
CNA
Coelho da Fonseca
COFAP
Coinvalores
Colucci
Comfam
Companhia Melhoramentos de São Paulo
Company
Compuhelp
Compumarketing
Compushop
Compusoft
Comunicação Contemporânea
Concivil/Estanplaza
Consórcio Nacional Garavelo
Construtora Andrade Gutierrez
Construtora Lider
Construtora Wasserman
Consul
Conteúdo Comunicações
Contexto
Continental Shopping Center
CORE Conhecimento Orientado a Resultados
Corporação Rossi
Correio Braziliense
Cotia Comércio Exportação e Importação
Credicard
Criativa
Daisy Nasser – Equipe de Eventos
Data Byte
Deloitte Touche Tohmatsu
Delta Propaganda
Demasi Comunicações
Denison Propaganda São Paulo
Dinheiro Vivo Agência de Informações
Disbel
DM9-DDB
Dori Alimentos
DPTO Propaganda
DPTO Promoções
DPZ Propaganda
Ducoco
Duda Mendonça & Associados
Dutoflex
Edições Paulinas
Editora Azul
Editora Gente
Editora Minden
Editora Peixes
Editora Referência
Editora Roca
Editora Três
Edo Rocha Arquitetura e Planejamento

Eldorado Plaza
Eldorado Shopping Center
Elias & Michelin
Emagrecendo.com.br
Employer
Empresas de Águas São Lourenço
Engevix
Escola Superior de Propaganda e Marketing
Escritório Mauro Guatelli
Excelsior Distribuidora
Experimento de Convivência Internacional
Expressão Brasileira de Propaganda
F/Nazca S & S
Fasano
Faxxon
Federação Nacional da Distribuição de Veículos Automotores – FENABRAVE
Filtros Fram
Fininvest
Fischer América Comunicação Total
Fontovit Laboratórios
For Marketing E Publicidade
Ford Divisão Eletrônica
Full Jazz
Fundação Pró-Sangue
Furukawa Industrial
Futura Propaganda
Gafisa
Garavelo Óleos
Garden Hills Editora e Distribuidora
Garrubbo Blindagens
Gave Veículos
General Motors do Brasil
Ghirotti
Giannini
Gilbarco do Brasil
Giovanni, FCB
Globe
Goen3 Comercial
Grad Dammann
Gráfica Jandaia
Granja Rezende
Grottera Serviços de Marketing
Grupo Bem Emergências Médicas
Grupo Edson Queiroz
Grupo Ticket Serviços
Grupo VR
GSI Gerdau Serviços de Informática
Gtech Holdings
GTM&C
Guarany
Guimarães e Giacometti Publicidade
Guy Laroche
Hang Loose
Hipermercado Eldorado
Holográfica Produções
Hospital Nove de Julho
Ibope
IEP
Impact
Incentive House
Indústrias Alimentícias Maguary
Indústrias Arteb/Arturville
Innovator
Instituto Paulo Gaudêncio
Instituto Radial de Ensino E Pesquisa
Interchange

International Medical Center
International Paper-Toga
Interview
Iochpe-Maxion
Ipas Brasil
Italo Bianchi
Itap
Itaú Seguros
J.Macêdo Alimentos
J.Walter Thompson
J.Alves Veríssimo
J.B. Lodi
J.Cocco
JC Designeres
Johnson & Johnson
Julio Bogoricin
Kartro
KHS Indústria De Máquinas
Kolynos do Brasil
Laboratório Sardalina
Laboratórios Biosintética
Lage Stabel & Magy
Lanzara Gráfica Editora
Latina Motors
Leite Xandô
Leo Burnett
Lew Lara Propeg
Lista Mais
Listel
Lloyds Bank
Lorenzetti
Lowe Lintas
Lowe Loducca
Lowe Ltda
LPM
Lucas Yuasa do Brasil

Mc Software
M Design
M.Books do Brasil Editora
Makron Books
Marelli Móveis
Marisa Lojas
Mark Up
Master Comunicação e Marketing
Max 35 Filmes
Mazz Design e Comunicação Visual
Mccann Erickson
Mecaf Mecânica Fina-Rima
Medial Saúde S/A
Merit Comunicações
Mesbla
Método Engenharia
Modem Media
Moinho São Jorge
MPM Lintas Comunicação
Multiplast Ind. e Com. de Plásticos
Munir Abbud
Nasha International Cosméticos
Natura Cosméticos
NB-C
Nec do Brasil
Neogama
Neosaldina
Net Brasil
Netfactory
Newcommbates
Newlab Brand Building
Nicola Colella & Cia.
Nikkey Palace Hotel
Nista Marketing Digital
Nova S/B
Novagência

Oficina Brandesigners
Ogilvy
On Film Produtora Cinematográfica
OP
Oswaldo Cruz Sl Saúde
Overture
Padrão Editorial
Paging Network Brasil
Palladium
Pão de Açúcar Publicidade
Paschoal Fabra Neto
Pastore
Paz Comunicação
Petrobras
Philip Morris
Pirelli
Pit Comunicação
Plamarc
Planet Sat
Playcenter
Popular Comunicação
PPR – Profissionais de Publicidade Reunidos
PPS Permalit Pzm Sports
Prefeitura de São José dos Campos
Press Express
Prodigo Films
Produções Cinematográficas Aba
Produtiva
Promenade
Promerchandising
Promovisão
Propeg
Proxion Brasil
Proxis Contact Center
Pubblicità Propaganda E Marketing
Publicis Norton
Pueri Domus
Pulsar Criação e Produção
QG Comunicação
Qu4tro Arquitetos
Rádio Alpha FM
Rádio e Televisão Bandeirantes
Rancho Ranieri
Raul Boesel
Record
Red Bull
Rede de Entregas
Rede Drogão de Drogarias
Renasce Rede Nacional de Shopping Centers
Revista América Economia
Revista dos Tribunais
Revista Exame
Rezende Alimentos
Rhodia
Ricardo Julião Arquitetura e Urbanismo
Rino Publicidade
Rodeio
Rodrigues Lima
Rogério Medeiros Fotos e Imagem
Rossi Residencial
S, A&A Comunicação e Marketing
Saint Gobain
Saldiva
Salles/Dmb&B
Salotex
Santa Clara
São Paulo Fashion Center
SBT
Schering do Brasil

Secovi
Secretaria do Estado Da Ind. e Com. Paraná
Secretaria do Governo E Gestão Estratégica de São Paulo
Seller's Comunicações
Sepaco
Sequência
Seragini, Farné Design
Sétima Arte
Setin Empreendimentos
SGB
Shopping Agro Road
Shopping Jardim Sul
Shopping Metro Tatuapé
Show Days
SHV
Siapapeco
Siemens
Simas Industrial
Sindicor
SKY
SM Estratégias Promocionais
SN Publicidade
Sociedade Corretora Paulista – SOCOPA
Soluções Comerciais
Sony Amazônia
Souza Aranha
Souza Cruz
Spark44
Spenco Engenharia e Construções
SRCA
ST Propaganda
Starmedia do Brasil
Starsat Brasil
Stilizzata
Studio A Motel
Subaru
Sul America Seguros
Sun Marketing Direto
Sun&Sea
Synergie Multicomunicações
Tabatinga Hotel
Tag
Talent
Talento Publicações Editora E Gráfica
Tapetes Bandeirante
Taterka Comunicações
Teatro Municipal de São Paulo
Teen By Daslu
Teleatlantic Com. e Monitoria de Alarmes
Telefônica
Telenova Soluções Para Internet
Telet
Toga
Totalbus
Touché Propaganda
Transurb
Trimax Participações
Trip Editora
Trump Realty Brazil Empreendimentos
Tupy Perfis
TV Globo
TWW do Brasil (Pagnet)
Unibanco
Unishopping
Universidade São Judas
Upgrade

Upper Comunicação E Marketing
Varig
Vega
Veloz Táxi Aéreo
Vera Cruz Seguradora
Via Empreendimentos
Vidrotil
Vila Romana
Virtual Store Comercial
Visanet
Vista Tecnologia
Vistage
Vogue
Voli Auto Peças
Volkswagen

VS Escala
W/Brasil
Way of Light
Webfopag
Weril
Wired On Productions
WTC – World Trade Center São Paulo
Yahoo! do Brasil
Young & Rubicam
Young Lions
Z3 Convergence
Zero 11 Propaganda
Zicard

Homenageamos, também, todos os profissionais, empresários e professores, que compartilharam seu inestimável conhecimento, decorrente de décadas de práticas, com os alunos de todos os Programas e Cursos da MMS – MADIA MARKETING SCHOOL. A todos eles, os nossos melhores e mais emocionados agradecimentos.

Alessandro Gil
Alfredo Duarte
Beth Furtado
Carl Amorim
Carolina Scappini
Cristy Martins
Eduardo Seidenthal
Einhart Jácomo da Paz
Fabio Madia
Fabio Rowinski
Francisco Javier S.M. Alvarez
Jean Paiva

José Carlos Peleias
Juliana Vilhena
Luís Fernando Camargo
Magali Colconi
Marcelo Miyashita
Martha Terenzzo
Miguel Angelo Moreira de Souza
Roberto Loureiro
Rosamaria H.H. Barna
Tom Coelho
Volney Faustini

SUMÁRIO

1. **ADMIRÁVEL MUNDO NOVO**..19
   - O TAL DO ZÉ MOTT.. 21
   - É IMPOSSÍVEL SER FELIZ NAS TORRES 23
   - O RESSURGIMENTO 25
   - O FATOR CABELO BRANCO 27
   - VOCÊ, CENTAURO! 30
   - O TAL DO WATSON 31
   - A SUCESSÃO.. 33
   - PEGAR CARONA, O SENTIDO DA VIDA................................. 35

2. **INTELIGÊNCIA DE MERCADO** 41
   - DISPEPSIA NA CERTA PRECEDIDA DE PERPLEXIDADE... 44
   - SÍNDROME DE HM 46
   - CAMINHÕES LADEIRA ABAIXO 48
   - ACORDA, ZÉ MARIA! 50
   - FERNANDO FERNANDEZ FALOU 52
   - AS ELEIÇÕES NOS EUA E A DEBACLE DAS PESQUISAS..................... 55
   - A NOVA J&J: SEM CAMISINHA, MAS COM HIPOGLÓS 56
   - NAMING 58
   - OS "BAURU" 59

3 SUCESSOS, FRACASSOS, APRENDIZADOS 63
A RIQUEZA INTERIOR 65
O PITTING – JOLIE – POINT 67
CONTÊINERES E OUTRAS BOBAGENS MAIS 69
ERREI! 71
A MÁGICA DOS PÉS PELAS MÃOS 73
A CASINHA DA AMBEV 75
O Mc NÃO SE EMENDA 77
CONSTRANGEDOR 78

4 BRANDING 81
AS 50 MARCAS DO BRASIL 83
SUCESSO DEMAIS 86
COM AÇÚCAR E COM AFETO 88
TIME IS OVER! 90
DE VERDADE OU, APENAS, RP? 92
DONNA KARAN "DEAMBULA POR LAS CALLES" 94
AGORA EU SEI, PORQUE O S ESTÁ CAINDO DE COSTAS... 95
"MELHORAMENTOS AGORA É ELITE PROFISSIONAL" 97

5 DESAFIOS, AMEAÇAS, OPORTUNIDADES 99
PLANTANDO NOS JOVENS PARA COLHER NOS VELHOS 101
FOREVER 21, OU FOREVER ATÉ 2021? 103
TARDE DEMAIS PARA EMPREENDER? 105
GALPÕES DA CRISE 107
O DESAFIO DO WALTER É LONGO 109
REVOGADA A 1ª LEI 111
NUBANK A NU 113
ATÉ HOJE NINGUÉM ENTENDEU O QUE A CVS VEIO FAZER
NO BRASIL 115

6 COISAS DO BRASIL 117
A DIMENSÃO DO ESTRAGO 119

SHARING FOLIA 122
FELIZES PARA SEMPRE? 124
WHO? WHAT? WHERE? WHEN? 126
CONTRIBUIÇÃO INESTIMÁVEL DE VOLNEY FAUSTINI 128
O MODELO OUTBACK DO BRASIL 130
OUTLET LINGERIE 131
É POSSÍVEL FAZER A CABEÇA DAS MULHERES? 134

7 EFEMÉRIDES E ÍCONES 137
TIM COOK NÃO É JOBS, MAS É COOK! 139
URI – WAZE – LEVINE 142
SALTO ALTO, SOLADO VERMELHO 144
ABILIO, A LENDA 146
DONA DALVA 148
BOLT, O JORDAN DA PUMA 150
HOMENAGEM 152
HOMENAGEM: BELARMINO IGLESIAS 154

8 INOVAR É PRECISO, VIVER NÃO É PRECISO 159
A MULTIPLICAÇÃO DO VINHO 161
PRÊT-À-PORTER 164
"A REINVENÇÃO DOS GIGANTES" 166
DR. CAOA 168
VAZANDO PELO LADRÃO 170
OS DESPODERADOS 172
NO MUNDO LÍQUIDO A FLUIDEZ DO PÓ DO GIZ 174
QUANDO 12 MINUTOS VIRAM 30 176

9 BALANÇO DE CATEGORIAS 179
A FOTO, O FILME 181
MUVUCA NO COMÉRCIO: VALE TUDO! 184
NETSHOES: E-COMMERCE LAB BRASIL 186
NADA É PARA SEMPRE 188

A EXCEÇÃO 190
O FIM DAS MEGALIVRARIAS 192
RETRATOS DA CRISE 193
O SANGUE DOS INOCENTES 194
RECUPERAÇÃO JUDICIAL! 196

10 MARKETING LEGAL 199
COMO É BONITO O PARAGUAI 201
DUPLO TESTAMENTO 203
AÇODAMENTO + SUBMISSÃO = EXPLOSÃO 206
MUITO MAIS QUE 50% 208
A CAIXA-PRETA 210
NET, HORTENCIA, ERASMO CARLOS e MOACYR FRANCO 213
"VOCÊ É UMA ZEBRA, MEU FILHO. VÁ SER EMPRESÁRIO" 215
"HOJE É O DIA DA MENTIRA" 217

Referências **221**

1
ADMIRÁVEL MUNDO NOVO

Tempos atrás, as pessoas viam a propaganda, motivavam-se e iam ao ponto de venda conferir; eventualmente, comprar. Era o FMOT. Agora entram nas redes sociais, informam-se, e só depois decidem-se pela ida ao ponto de venda e compra. É o ZMOT. Enquanto isso, no mundo plano, líquido e colaborativo, ainda algumas pessoas continuam acreditando ser possível encontrar a felicidade nas torres.

Depois de milhões de anos, e pela primeira vez em toda a história do mundo, nós, seres humanos, e finalmente, damos uma primeira e radical contribuição: A DIGISFERA. E pesquisas realizadas sobre o tema que mais mexe com corações e mentes na atualidade, a razão do vendaval de milhares de fracassos das startups em todo o mundo, falam sobre a importância de cabelos brancos.

No mundo que se abre, a solução centauro é que vai tomando a dianteira: metade máquina, metade homem. E aquele que todos pensam que recebeu seu "naming" tendo como inspiração o parceiro de Sherlock Holmes – o WATSON – em verdade não é o Dr. Watson, e sim uma homenagem ao presidente emérito da IBM, Thomas John Watson. Que acabou se convertendo em referência e designação genérica de inteligência artificial.

O processo sensível e eficaz de comandar sua sucessão protagonizado por Jayme Garfinkel. A mesma PORTO SEGURO que recebera de seu pai e passou para o comando de Fabio Luchetti, como empresa líder em seu território de atuação. E duas dezenas de exemplos de empresários campeões que jamais vacilaram um único instante diante da oportunidade que bateu em suas portas.

O TAL DO ZÉ MOTT

De verdade, mesmo, ZMOT. Quem descobriu, Jim Lecinski, diretor de vendas de serviços para os EUA no Google, e evangelista-chefe da própria descoberta.

Tudo começa com a velha e boa Procter. Em 2005, grita ao mundo sobre um tal de FMOT – First Moment of Truth. O *The Wall Street Journal* se encanta com o manifesto da Procter e garante matéria de capa ao assunto. Dia 21 de setembro de 2005, mais precisamente.

As empresas esmeravam-se – 2005 – na comunicação. Muito mais ainda nas plataformas analógicas do que nas digitais que mal e porcamente engatinhavam. O Suspect se sensibiliza, sorri, interessa-se, e vira Prospect. Decide dar um pulinho no supermercado. E aí acontece o FMOT – Primeiro e Decisivo Momento da Verdade. Supermercado praticamente vazio. O Prospect dirige-se até a gôndola onde está o produto motivo da visita. O Prospect entra no corredor, aproxima-se da gôndola. E começa a olhar para a embalagem, para o produto, para o eventual material promocional que empodera o produto, cria coragem, pega na mão, examina e, exatamente naquele momento, decide se VAI PARA O CARRINHO OU NÃO VAI.

Mais ou menos como nos programas de calouro, VAI PARA O TRONO OU NÃO VAI? E se vai, o FMOT converteu-se de forma positiva. Finalmente a empresa tem alguém que comprou pela primeira vez, mas ainda não é um cliente. O uso, a prática, a felicidade pela decisão tomada, é que vai converter esse Prospect, com o passar das compras, num Client. E, eventualmente, e se apaixonado, em Preacher, num apóstolo ou disseminador do produto e da marca.

Salta para 2011. Jim Lecinski encarregado do desafio. Aferir e metrificar o comportamento do consumidor pós-redes sociais, muito especialmente, pós-"feice". E constata, escreve e dissemina: "Estamos agora diante de um momento que precede e é mais importante e decisivo do que o FMOT. Estamos diante do ZMOT – Zero Moment of Truth".

Mais ou menos assim. Lá atrás, você se interessava pelo modelo novo de um automóvel. E aí seu marido contava para a irmã dele, a sua cunhada Terezinha, que você não gosta, mas tolera, tinha acabado de comprar aquele modelo. E aí você esperava o final de semana para a reunião na casa da sogra para finalmente perguntar a Terezinha se estava gostando do carro. E aí Terezinha não parava de falar e você se aborrecia.

Pós Facebook e demais redes sociais, você não precisa esperar mais o final de semana e a ida à casa da sogra. Bateu o desejo, entra na rede e pergunta, "Ei, galerinha querida, alguém aí comprou o modelo xpto?". E umas cinco dizem "sim"! E aí começa o papo, e aí começa o ZMOT, o Zero Moment of Truth. Hoje, 99,9% das decisões de compras passam, naturalmente, por esse momento. Por perguntar, porque é absolutamente "handly", imediato, eficaz, se quem comprou está gostando...

Apenas isso, querido amigo leitor. ZMOT é a etapa essencial do MARKETING 2020! Você se esgoela para chegar a esse momento e conseguir o depoimento apaixonado dos que compraram – "SIM, RECOMENDO!". E, depois, tem de se esgoelar mais ainda para que aquele que seguiu a dica e comprou se sinta feliz e realizado e passe a testemunhar favoravelmente, converta-se em testemunho de defesa, e apoie o movimento da roda, fazendo-a rodar com mais consistência e velocidade.

Deu pra entender? Apenas isso. O MARKETING, LIVE! Como jamais aconteceu até hoje pela simples razão de que não existiam os meios. Estamos em plena era do REAL TIME MARKETING. E o ZMOT é o nó górdio, a fonte da epifania, a lâmpada de Aladim.

Vai continuar fingindo que não vê?

É IMPOSSÍVEL SER FELIZ NAS TORRES

Está com dificuldade para pegar no sono? Carneirinhos... Esqueça! Recomendo holocracia e metrópoles verticais.

Vez por outra, manifestações de excentricidade e despropósitos. E a imprensa, por sobra de espaço ou falta de juízo, acaba embarcando e engrossando o festival de estultices.

O caminho pela frente está definido, claro, quase pavimentado. É horizontal, compartilhado, colaborativo. Num Admirável Mundo Novo

– de verdade e não o "The Brave New World" de Huxley – plano e líquido, de custo marginal zero ou próximo de.

Tony Hsieh construiu um sonho. A Zappos. Colaboradores e clientes apaixonados. O primeiro comércio eletrônico que provou ser possível trabalhar com o aditivo de serviços de qualidade, transcendendo amor entre o time interno e na relação com os clientes, e onde o resultado final se traduzia em lucro e felicidade. E aí Tony e a Zappos foram comprados pela Amazon.

Choque natural de cultura e Tony decide seguir as tolices de Brian Robertson, apologista da holocracia – estruturar as empresas a partir das funções e não das pessoas. Em vez da pirâmide, estrutura vertical, "fazer a empresa funcionar em círculos semi-independentes englobando uns aos outros". Preciso continuar? Começou a bocejar?

E aí o festival prospera, ainda que supostamente holístico, "um círculo mais baixo está sempre ligado a um círculo superior... círculos voltados para a implementação de projetos específicos, outros de administração... cada um deles é livre para criar suas próprias políticas e decisões, mas deve fazer o possível para cumprir as metas propostas pelo círculo superior...". SOCORRO!

Ninguém mais quer falar em holocracia na Zappos, dois anos depois...

Corta para o economista americano Edward Glaeser. Defensor intransigente e radical do vertical num mundo cada vez mais horizontal. Cidades verticais!

Diz e defende: "Para progredir, uma cidade não pode ter restrições excessivas. Limitar alturas e construções tem um custo alto. Construir para cima é uma maneira eficaz de driblar a falta de espaço. As pessoas ficam mais próximas umas das outras, mais conectadas umas às outras: PRÉDIOS MAIS ALTOS E COM MAIS CAPACIDADE SÃO A MELHOR COISA PARA O MEIO AMBIENTE"! Pela segunda vez, e agora urrando, SOCORRO!

Poucas vezes em minha vida, vi cegueira tão radical e ignorância absoluta. Glaeser permanece com a velha e corrompida moldura em sua cabeça, e é um dos melhores exemplos de quem olha para o futuro através do retrovisor. Não de qualquer retrovisor. De um retrovisor sujo, trincado e solto.

Em entrevista à Época, anos atrás, Glaeser escancarou sua insensibilidade e deficiência visual irreversível. "Nos anos 1980, muitos especialistas previam que as pessoas se retirariam das cidades para morar nos subúrbios e as cidades seriam apenas depositórios de escritórios. A tecnologia permitiu às pessoas estar conectadas on-line, mas elas também querem se encontrar fisicamente...", e dá como exemplo o Vale do Silício, "Aquela região da Califórnia cresceu drasticamente não apenas porque empresas de tecnologia se concentram lá, mas porque os jovens que trabalham nessas empresas quiseram estar juntos, também, na mesma cidade...". Mais conhecida pelos que por lá "viveram" e optaram pela felicidade como a ilha da fantasia...

Mais que nunca, as pessoas querem preservar e cultivar sua individualidade. Adoram encontrar outras pessoas na hora, lugar e dosagens certas. Reconhecem-se mais próximas do que nunca através da tecnologia. Na medida em que não mais querem possuir, mas apenas dispor, reduziram radicalmente a necessidade de espaços para objetos e coisas que jamais voltarão a ter. E sentem-se seguras morando e vivendo em comunidades horizontais, no mínimo baixas, e convivendo com seus queridos vizinhos.

Parafraseando Tom Jobim, em *Wave*, é impossível – absolutamente impossível – ser feliz nas torres...

O RESSURGIMENTO

Os livros escolares ainda não registram. Nos portais, todos que tratam da educação, muito especialmente das crianças, a explicação é a mesma há dezenas de ano sobre a BIOSFERA – conjunto dos ecossistemas formado por três tipos de ambientes primordiais: a hidrosfera, a atmosfera e a litosfera.

O 4º ambiente ainda não merece registro e muito menos ensino. Deveria.

Segundo os livros e os professores, a HIDROSFERA é aquela camada da Terra formada por água. Cobre 70% da superfície do planeta somando-se oceanos, rios, lagos, aquíferos e geleiros.

Já a ATMOSFERA tem no ar seu componente principal no qual predominam o oxigênio e o nitrogênio. Organiza-se em camadas e a partir da superfície da Terra: troposfera, estratosfera, mesosfera e termosfera.

E na LITOSFERA pontificam rochas e solo. Também conhecida como crosta terrestre. Formada por mineralógicos com características ígneas, sedimentares e metamórficas, do mais alto das montanhas ao mais fundo das fossas marinhas e suportando-se nas placas tectônicas.

E o 4º ambiente? Aquele que decorre de um homem que RESSURGE?

Eclode há poucos anos; ganha expressão com o advento da tecnologia; revela a semente *microchip* em 1971; enraíza e brota nas duas décadas seguintes; e agora rasga o solo e se apresenta. Nem nasce, nem renasce, RESSURGE e em anexo a seu criador.

Nem obra da natureza, para os agnósticos como eu, nem fruto de Deus, para os crentes como a maioria.

Produto do homem. Da história, da evolução, da cultura, do amadurecimento, da sabedoria. O 4º ambiente da biosfera, e ao lado da HIDRO da ATMO e da LITOS, é a DIGIS, a DIGISFERA.

Se os outros ambientes remetem ao início dos tempos, o 4º mal abre os olhos.

Mesmo último, é o primeiro de autoria do homem.

Se nos outros três que nos foram dados procedemos de forma egoísta, equivocada, medíocre, predatória, neste é de nosso dever cuidar, para que floresça e prospere, referenciando-se na sabedoria da natureza e jamais na ignorância, egoísmo e estupidez com que tratamos os a nós confiados.

Assim, deveria ser ensinado nas escolas. Ao se falar da BIOSFERA, e agora, de seus quatro ambientes.

Mas por enquanto, nos divertimos com a digisfera, como se fosse mais um brinquedinho. Aprontando, fazendo bullying, exagerando, distorcendo os fatos e a verdade, mentindo, na ilusão de um suposto e absoluto anonimato.

Se enquanto só três ambientes, a verdade pontificava, a partir do 4º e nas primeiras duas décadas a pós-verdade prevalece. No Brasil e nos Estados Unidos, e nas últimas eleições, definiu o resultado.

Sendo assim, e já que o 4º ambiente é uma realidade definitiva, nada como torná-lo matéria obrigatória no ensino básico. Em vez de nos iludirmos com filtros, compliances, autorregulações e curadorias – medidas paliativas e procrastinadoras, nem mesmo placebos – melhor partir direto para a educação.

Fazer o que não fizemos – ou fizemos mal e precariamente – com nossas crianças – as nossas e as de nossos pais e avós – nós –, no correr de décadas, e no tocante à moral, à ética, à honestidade, aos bons costumes, à civilidade e à cidadania.

Mais que um eventual e novo Renascimento, vivemos o RESSURGIMENTO. Finalmente a jornada do ser humano na face da Terra começa seu segundo capítulo.

O homem – nós – pariu, em e ao ressurgir o primeiro ambiente de sua autoria. O 4º da Biosfera.

Bem-vinda, DIGISFERA!

O FATOR CABELO BRANCO

Num mundo de cotas, esqueceram-se dos cabelos brancos. Ainda bem. Não precisam.

Desconfie de uma empresa que não tem dois ou três colaboradores no comando e com os cabelos brancos. Risco de fracasso superior a 80%.

São empresas com apenas parte do cérebro. Empresas incapazes de realizar a contextualização. Empresas mais que qualificadas para praticarem os velhos, mesmos e recorrentes erros. É assim.

Hoje no Brasil fala-se e tem-se cotas de todos os tipos e espécies. Menos para os cabelos brancos. Repito, ainda bem. Cotas raciais, cotas de gênero, cotas socioeconômicas.

Segundo a Wikipédia, tudo começou no emblemático ano de 1968, com a tal da LEI DO BOI, que garantia o acesso de filhos de fazendeiros às universidades.

Nos governos FHC e Lula, a política de cotas foi se adensando. Segundo seus defensores, a adoção dessa política de cotas tem por objetivo reparar erros históricos e corrigir ou atenuar injustiças sociais. Que assim seja.

Os cabelos brancos não precisam de cotas. Dependem apenas da consciência dos cabelos pretos em seus diferentes matizes e intensidade, que sem a sabedoria dos tais de "velhos", decorrente da experiência acumulada no correr de décadas, pouco provavelmente chegarão lá.

E aí vem à tona a razão do número absurdo de insucessos ou fracassos patéticos das chamadas startups. Levantada e revelada pela pesquisa da Escola de Administração de Empresas da Fundação Getúlio Vargas, e comentada pela revista EXAME.

A FGV foi perguntar aos investidores em operação no mercado brasileiro o que os faz recusarem-se a investir numa determinada startup? Quais as principais razões e motivos que inviabilizam considerarem seus próprios investimentos, ou os investimentos que administram de terceiros, quando tomam suas decisões?

Na última colocação, uma série de razões e detalhes com 12% das manifestações. (Sempre respostas múltiplas). Junto com dúvidas sobre o modelo de negócio escolhido.

Na penúltima, com 35% de manifestações, a inexistência ou insuficiência de inovação nos negócios.

A antepenúltima colocação, com 51% das manifestações, a consciência de produtos com pequena ou baixa demanda, e impossibilidade quase definitiva de escalabilidade.

Preparado? Primeiro lugar disparado com 93% das manifestações. Isso mesmo. Adivinhou. A falta do tal dos cabelos brancos: "Equipe Inexperiente".

Hello! Como dizia uma *socialite* hoje enrascada na Lava-jato. Tudo o que o seu projeto, empresa, negócios precisam é de alguns cabelos brancos. Alguém, com o corpo coberto de cicatrizes, mãos calejadas e a cabeça carregada de sabedoria para lhe dizer, dentre outras coisas, "não é por ali, é por aqui". E repetir Gertrude Stein, arrematando, "não existe lá mais ali".

Sinto muito, brilhante, talentoso e promissor jovem. Sabedoria não é tomate, nem feijão, nem gado de corte. Com todo o respeito por esses alimentos essenciais às nossas vidas. É como plantar tâmaras. Mesmo com todo o avanço e técnicas de produção moderna, o ditado árabe continua prevalecendo: "Quem planta tâmaras, não colhe tâmaras".

Lembra aquela frase que você já ouviu algumas vezes e em diferentes momentos e situações? "Senhor, dai-me coragem para mudar o que posso mudar, serenidade para aceitar o que não posso mudar e sabedoria para perceber a diferença."

Na frase, a tal da "sabedoria" é o "velho". Isso mesmo, o fator cabelos brancos. Mas, e se você preferir, daqui para frente, a "tâmara" do provérbio árabe.

VOCÊ, CENTAURO!

Erik Brynjolfsson comanda o MIT Initiative On The Digital Economy. É professor na MIT Sloan School e pesquisador associado do NBER – The National Bureau of Economic Research. Seu depoimento no TED, em fevereiro de 2013, já foi visto e revisto por 1.130.647 pessoas até o momento em que escrevo este post. Agora, 1.130.648...

É o entrevistado de *Veja* 2502, da primeira semana de novembro 2016, páginas amarelas, por Pieter Zalis.

Erik diz que em nenhum outro momento da história recente da humanidade as taxas de produtividade foram tão altas como as de hoje, e que o principal responsável por essa extraordinária performance é a tecnologia.

Erik diz que "as tecnologias da computação e os avanços digitais estão fazendo pelo nosso cérebro o mesmo que as máquinas a vapor fizeram pelos nossos braços na Revolução Industrial". Mais que concordo. A nossa grande conquista destes tempos de hoje é liberar cada vez mais nossos cérebros para as verdadeiras funções e missão do ser humano.

Provocado por Pieter Zalis, Erik Brynjolfsson estabelece o ponto de ruptura, o momento onde tudo começou: Foi no ano de 1997, quando o computador Deep Blue da IBM venceu pela primeira vez o russo Garry Kasparov, campeão mundial de xadrez. Esse foi o primeiro momento de que se tem registro de um computador conseguir ser melhor que um humano em um jogo de estratégias extremamente complexas".

Mas, MADIA, isso estamos carecas de saber! É verdade, mas, o que talvez para você seja novidade é o que vem na sequência: Sim, a capacidade humana ainda faz diferença, e no xadrez isso ficou claro com a invenção dos torneios denominados *freestyle*, com três categorias: computadores, enxadristas e misto – enxadristas mais computadores. Um dos primeiros torneios *freestyle* aconteceu em 2005, e foi relatado pelo próprio Kasparov. O vencedor do torneio não foi nem o computador e tampouco o mestre do xadrez. Quem ganhou foi uma equipe de 'zé manés' – jogadores amadores que utilizou três computadores comuns. A capacidade de fazer com que a máquina calculasse para eles a efetividade de cada posição no tabuleiro e suas consequências foi definitiva para a vitória dos 'zé manés' e seus 'computadores meia boca'. Hoje os centauros derrotam tanto os supercomputadores quanto os grandes enxadristas!".

Você é um centauro ou está se preparando para? No final da entrevista, minha discordância com Erick.

Erick afirma que os computadores são ótimos para encontrar respostas, mas ainda são incapazes de desenvolver questões... essa habilidade até agora parece ser exclusivamente humana...".

Os novos "seres" na paisagem, como o WATSON da IBM, por exemplo, têm como maior virtude, muito maior do que responder a todas as perguntas enquanto o ser humano restringe-se a poucas e muitas vezes fornecendo respostas incorretas ou imprecisas, tem como maior virtude, repito:

A CAPACIDADE DE FAZER PERGUNTAS QUE O SER HUMANO É ABSOLUTAMENTE INCAPAZ DE CONSIDERAR, QUANTO MAIS FORMULAR.

Deu para entender? WATSON e similares encontrarão todas as respostas para as perguntas que nós, humanos, somos absolutamente incapazes de fazer.

E desse pequeno detalhe, decorrerão infinitas e redentoras conquistas da humanidade, e do verdadeiro e admirável mundo novo.

O TAL DO WATSON

No ano passado, Ginni Rometty, CEO global da IBM, falando na conferência World of Watson, em Las Vegas, foi direto ao ponto: "Nossa meta é expandir a inteligência humana". (Algumas publicações traduziram essa frase equivocadamente por AMPLIAR. É mais, muito mais, é EXPANDIR).

Difícil em qualquer reunião em que se fale sobre o Admirável Mundo Novo não se falar do WATSON, a plataforma de inteligência artificial, por enquanto, mais poderosa e reconhecida do mundo. Nos próximos cinco anos, muitas das coisas que nos cercam estarão empoderadas pelo WATSON. De seu carro à sua conta no banco, ao seu exame de sangue, ao seu quebra-cabeça, ao seu..., ao seu ao seu...

Marcelo Porto é o presidente da IBM Brasil. Foi entrevistado por Carlos Eduardo Valim da revista *IstoÉ Dinheiro*. Dentre outras afirmações, destaco três:

1. Sem as pessoas, o WATSON Não Existe – "As pessoas são necessárias para ajudar a plataforma se desenvolver. Isso não acontece sozinho. A beleza de tudo é que o computador não esquece nada e não se cansa...". Deu pra entender? O computador tem uma paciência maior que a de Jó, e uma memória descomunal à prova de esquecimento – e isso muda tudo.

2. Questão de sobrevivência – "Um advogado, um médico ou engenheiro, convivem com um volume de informações exponencialmente maior do que no passado. Um médico precisaria estudar 20 horas por dia para ficar atualizado...". Finalmente alguém conseguirá acompanhar o furor uterino de normas, leis e regulamentos de nosso país. Bom para os advogados e contadores, mal para os advogados e contadores. Poderão melhorar significativamente seus desempenhos, falharem menos, mas, e ao mesmo tempo, ruim porque quantidade expressiva deles se tornaram dispensáveis, para não dizer obsoletos.

3. Customização inerente – "Na educação, o WATSON reconhece e recomenda, pela forma como uma criança escreve, o tipo de escola mais adequado em decorrência de sua personalidade. Em todos os prestadores de serviços é possível conhecer-se a personalidade, comportamento e características dos clientes

sem fazer uma única pergunta... hoje, na IBM Brasil, tenho o perfil de meus vendedores e então posso fazer o melhor casamento com cada cliente. Saber qual vendedor terá maior afinidade com cada um dos clientes faz toda a diferença".

A SUCESSÃO

Não é fácil encarar de frente o fim.

Ninguém, em seu íntimo, acredita que vá morrer, se aposentar, escolher e preparar alguém para sua sucessão. São raros os casos e histórias de sucessão conduzidas com coragem – em primeiro lugar –, mais inteligência, sensibilidade e verdade.

Em mãos, edição de março 2017, da revista *Época Negócios*. Edição de aniversário, 10 anos. Parabéns pelo trabalho de produção de conteúdo de excepcional qualidade nesses 10 primeiros anos antes de qualquer outro comentário.

E como já fez, anteriormente, Época Negócios colocou frente a frente 12 CEOs para discutir temas atuais e relevantes sobre gestão, inovação, liderança, Brasil, e a visão estratégica de cada um deles sobre os negócios que pilotam.

Todos os confrontos – entrevistas – são de ótima qualidade e merecem a leitura e a reflexão de todos. Mas um, em particular, pela originalidade das respostas e visão moderna dos negócios me tocou mais fundo.

Em junho de 2012, finalmente, Jayme Garfinkel, o mais aclamado empresário e profissional do mercado segurador brasileiro – Porto Seguro – anunciava estar passando o bastão. Seu sucessor foi preparado durante anos dentro da própria companhia. Fabio Luchetti.

A Porto Seguro fora comprada por sua família em 1972, e Jayme vai trabalhar na empresa para ajudar Abrahão, o pai, e Rosa, a mãe. Em 1978 o pai falece e Jayme assume o comando. Em duas décadas faz da Porto Seguro a maior seguradora de carros do país. Em 2004, abre o capital, em 2009, associa-se ao Itaú, e em 2012 passa o bastão para Fabio, que ingressou na empresa em 1984, na expedição, como office-boy.

Fabio é administrador pelo Centro Universitário Sant´Anna, pós-graduado pela Belas Artes em museologia, curadoria e colecionismo, e não fez nem Harvard, Kellogs, MIT, Columbia... E é entrevistado – e entrevista – Abel Reis, CEO da Dentsu Aegis Brasil.

Abel pergunta a Fabio como a Porto Seguro procede para atrair a galerinha *grow up digital*. Fabio explica: "Esse é um desafio para o mundo. Cada vez mais o trabalho está se vinculando a uma causa pessoal. Trabalhamos muito a dimensão humana, de entender as razões que as pessoas têm. Por outro lado, temos de deixar claro qual é a proposta da empresa. Nada contra nenhuma proposta, mas a Porto Seguro, por exemplo, não tem a linha da AMBEV. Temos uma visão mais de longo prazo. Somos exigentes, mas nossa cultura não é a da competitividade. A Porto é mais humanizada. Temos procurado romper com costumes que vêm da era industrial. Estamos eliminando o controle de horário, por exemplo. Quem tem que se controlar é o funcionário. É ele quem diz a hora que chega e que vai embora. Temos um programa de aceleração de *startups* que funciona para dentro e para fora. Vimos muitos funcionários desenvolvendo *startups* à noite e nos finais de semana, com dois ou três amigos... o cara está aqui, mas o coração não, a cabeça não. Ele fica num dilema porque não pode abrir mão da empresa já que é casado e tem filho... oferecemos a esses uma licença não remunerada de três meses e nossa mentoria para desenvolver seu projeto para que chegue a uma conclusão sobre o que quer...".

Mais adiante, Abel pergunta sobre quais são os valores para as pessoas, hoje... Fabio responde: "As pessoas hoje se perguntam o tempo todo qual o sentido do que estou fazendo? Estou a serviço do quê? Que diferença faço? O patrimônio da Porto Seguro são as pessoas; nem os prédios e nem os carros. Precisamos criar uma cultura em que as lideranças entendam os humores das pessoas com as quais trabalham... é fundamental criar um grau de tolerância. Nada de paternalismo. Mas a compreensão que a empresa não pode assumir a responsabilidade de fazer as pessoas felizes, mas que pode fazê-las infelizes...".

Segundo Fabio, quando foi promovido em 2006, Jayme Garfinkel disse: "É muito bom e desejável que a empresa dê retorno sobre o patrimônio, tenha as melhores práticas de governança corporativa. Mas, de verdade mesmo, o que mais quero é ver as pessoas felizes".

E Fabio respondeu "deixa comigo".

No caos em que vivemos – e continuaremos vivendo por mais duas décadas – ou você tem e faz seus colaboradores – todos – felizes, ou a vida de todos – sua e deles e da empresa – será um inferno.

PEGAR CARONA, O SENTIDO DA VIDA...

Há 11 anos, eu escrevia um artigo falando sobre a ciência e a arte de pegar carona. Poderia até ser uma explicação para o tal do Sentido da Vida. Uma espécie de A Sabedoria de Pegar Carona.

Quem se dá bem na vida, grosso modo, e se é que se dar bem economicamente é importante – mas, no mínimo, é bom – são todas aquelas pessoas que viram o cavalo Oportunidade passar selado em sua frente e não pensaram duas vezes.

Saltaram no lombo, movidos mais pelo instinto e menos pela razão, e saíram cavalgando pela vida.

Al Ries, e o recentemente falecido, Jack Trout, em um de seus muitos livros de sucesso contavam que, certa feita, e quando caminhava para mais um concerto saindo de seu hotel, o Surrey, na 78 com a quinta, em NYC, talvez o maior maestro de todos os tempos, Herbert Von Karajan, foi perguntado por um pequeno menino que levava um violino nas costas:

Maestro, desculpe-me pela ousadia, mas, como faço para chegar um dia ao Carnegie Hall. Sorrindo, von Karajan respondeu "tome um táxi!".

É isso, amigos, a ciência e a arte de pegar carona, de saltar no lombo de burro, de aproveitar todas as oportunidades. Sem se esquecer de que "Oportunidade perdida", - aquela específica, e como nos ensinou o provérbio -, "não volta mais".

Mas vamos a meu artigo de 2006. O título era:

CARONEIROS

Assim como em 2004, no final de 2005, o *Financial Times* divulgou sua lista dos bilionários em todo o mundo.

E a característica comum, em 9 de cada 10 dos bilionários, é a sabedoria de Pegar Carona.

Bill Gates, 49 anos, pegou carona nos *hardwares* – microcomputadores – concentrando-se em *softwares* que os fazem funcionar: 90% de todos os microcomputadores do mundo, independentemente da marca do fabricante, são Microsoft. Patrimônio, US$ 51 bilhões.

Warren Buffett, 75 anos, pegou carona em si próprio. Cansado das promessas que nunca se concretizavam dos *advisors* e consultores financeiros, decidiu apostar em sua sensibilidade gerindo seu próprio patrimônio. Patrimônio, US$ 44 bilhões.

Carlos Slim Helu, 65 anos, pegou carona no processo de privatização do México, assumindo o controle da operadora telefônica mexicana. Patrimônio, US$ 23,8 bilhões.

Lakshmi Mittal, 55 anos, pegou carona na equivocada crença que siderúrgicas só podiam atuar localmente. De uma pequena siderúrgica quebrada na Indonésia, em 1976, hoje é a empresa líder mundial do setor, Mittal Steel Company. Patrimônio, US$ 25 bilhões.

Ingvar Kamprad, 79 anos, pegou carona no vácuo produzido pela miopia dos demais fabricantes de móveis, incapazes de entender, traduzir e tangibilizar os produtos que verdadeiramente os jovens casais queriam. Assim nasceu sua IKEA. Patrimônio, US$ 23 bilhões.

Michael Dell, 40 anos, pegou carona na tradição secular da família americana de comprar por catálogos e a distância e sem intermediários com comprovados benefícios para os clientes e que batizou com seu sobrenome, DELL. Patrimônio, US$ 18 bilhões.

Bernard Arnault, 56 anos, pegou carona no mercado mundial do luxo, somando grifes e trabalhando fortemente a sinergia existente entre as diferentes marcas na LVMH: Louis Vuitton, Fendi, Givenchy, Dom Pérignon, Veuve Clicquot, Moet & Chandon, Hennessy, Celine, Kenzo, Pucci, Donna Karan, Dior, Guerlain, Tag Heuer, Sephora, dentre outras. Patrimônio, US$ 17 bilhões.

Larry Ellison, 61 anos, pegou carona na carência de *softwares* de banco de dados que verdadeiramente cumprissem o prometido e correspondessem às verdadeiras necessidades das empresas fundando sua ORACLE. Patrimônio, US$ 17 bilhões.

Roman Abramovich, 39 anos, pegou carona na derrocada do comunismo na Rússia aproveitando-se das oportunidades que todas as crises e situações de mudanças radicais trazem em si. Patrimônio, US$13,3 bilhões.

Silvio Berlusconi, 69 anos, pegou carona na política e no *lobby* para alavancar, através de suas empresas de comunicação, todo o grupo de empresas que controla. Patrimônio, US$ 12 bilhões.

E terminava o artigo, dizendo, "Na próxima lista do *Financial Times*, a do final deste ano, certamente lá estarão Sergey Brin e Larry Page, 32 anos, GOOGLE, que pegaram carona na comunicação On Demand, replicando no mundo digital a ideia das velhas e boas listas telefônicas. Patrimônio, US$ 11 bilhões (cada).

Hoje, julho de 2017, acrescentaria, por exemplo:

- O que aconteceu com Chad Hurley, Steve Chen, e Jawed Karim, que tudo o que queriam era compartilhar um vídeo com amigos e não existia um único aplicativo decente para o envio: solução, criar o YouTube...
- Ou o que aconteceu com Travis Kalanick, que não conseguia um táxi debaixo da neve em Paris, e decidiu para facilitar sua vida criar o Ubber.
- Ou a necessidade de Brian Chesky e Joe Gebbia, em São Francisco, de descolar uma grana e assim decidiram criar um aplicativo para alugar o quarto que estava sobrando no apartamento, o tal de Air Bed & Breakfast, hoje mais conhecido como Airbnb.
- Ou 4 amigos que decidiram zoar com seus companheiros da Universidade de Harvard, e de brincadeira Mark Zuckerberg, o Brasileiro Eduardo Saverin, mais Chris Hughes e Dustin Mokovitz, criaram um certo Facebook.
- Ou dois apaixonados por música, Daniel Ek e Martin Lorentzon, que queriam tornar acessível em todos os sentidos, para todas as pessoas, principalmente para eles, todas as músicas já gravadas até hoje no mundo, Spotify.

Ou poderia passar o restante deste ano relacionando pessoas que viram a oportunidade passar a sua frente e mergulharam de cabeça, corpo, alma e coração...

Assim e para terminar, talvez seja isso mesmo, A VIDA É A ARTE DE PEGAR CARONA.

De não vacilar um único segundo diante do cavalo Oportunidade selado que passa a nossa frente, saltar no lombo e agarrar-se na crina se não tiver rédeas e galopar com coragem e determinação...

Mas aí você poderá dizer, Madia, talvez eu seja uma exceção, em todos os meus anos de vida jamais tive a sensação de estar diante de uma oportunidade, posso quase lhe garantir que jamais uma oportunidade bateu em minha porta...

Tudo bem, em sendo assim, minha recomendação é...

Se a oportunidade não bater em sua porta, se nenhum burro selado cruzar seu caminho, se não for possível pegar qualquer táxi que seja, resta o ensinamento de Milton Berle: "Se a oportunidade não bater, construa uma porta".

2
INTELIGÊNCIA DE MERCADO

Não se fala em outra coisa. Dados e mais dados. Todos navegando, mergulhando, esbaldando-se no tal Big Data. A tecnologia tornou possível o inimaginável. Apenas esqueceu-se de avisar que alguém precisa tomar decisões. E pessoas embriagadas por dados são as piores e menos confiáveis para essa função. Por outro lado, padecendo da síndrome de HM, muitas outras pessoas não acreditam que existe um novo mundo em construção, e que muito brevemente tudo voltará a ser como era. Que jamais ouviram a música de Lulu Santos e Nelson Motta – *Como uma onda* – e revelam-se, como ensinou Scott Fitzgerald, "barcos contra a corrente arrastados incessantemente para o passado".

Na ladeira abaixo de automóveis e caminhões, chances maiores de salvação dos segundos e poucas ou quase nenhuma dos primeiros. E dentre as empresas que vêm encarando o desafio e procurando entregar o que caminhoneiros procuram, precisam e querem, a Scania. Enquanto isso, um surpreendente, empolgado e constrangedor presidente da TELEFÓNICA faz declarações que explicam e justificam muitas das reclamações de seus clientes.

Fernando Fernandez, presidente da UNILEVER revela uma empresa radical e consistentemente renovada, aumentando suas perspectivas de sobrevivência dentre os poucos dinossauros que conseguirão atravessar a ponte em direção ao futuro. E o fracasso das pesquisas nas eleições americanas.

Assim como a Unilever, reposicionamento radical e executado com coragem e determinação pela JOHNSON & JOHNSON. Desfaz-se de Jontex e compra Hipoglós, dentre dezenas de outras compras e vendas, e declara-se preparada para ser *a maior empresa de saúde do mundo*. Leva jeito. E a história referencial da ciência e da arte do "naming" do sanduíche que mais vende em todo o mundo. Centenas de vezes mais que o Big Mac.

DISPEPSIA NA CERTA PRECEDIDA DE PERPLEXIDADE PATOGÊNICA

Se não é exatamente isso, é mais ou menos por aí.

Nilinho comia absurdamente. Aí ouvi uma história contada pelo Ronald Golias, fiz a adaptação e disse que aconteceu com ele, mas não aconteceu. Disse que depois de ele comer 6 big macs e 4 tortas de maçã, mais um milk-shake, perguntei a ele se não era a hora de enfiar o dedo na garganta e colocar tudo pra fora. E ele teria respondido: "Se coubesse um dedo, eu comeria uma banana...".

Quando eu comecei a trabalhar com Marketing, convivíamos com uma escassez crônica de dados. Tipo Regulador Xavier nº 2. Comandando o marketing do Itaú e membro da Comissão de Marketing Bancário da Febraban, propúnhamos e todos concordavam com a salutar troca de dados e informações entre os bancos. Mas quando chegava à diretoria dos mesmos para conseguirmos a aprovação... NÃO!

Conclusão. Todos tinham acesso a todos os dados de todos os concorrentes. Como? Todos eram obrigados a enviar regularmente esses dados ao Banco Central. E todos recorriam aos préstimos de um simpático funcionário da Instituição, que vivia de xerocar e compartilhar os dados mediante simpáticos presentes mensais e de final de ano. E todos faziam cara de bisnaga...

Conto essa história para meus queridos amigos e jovens profissionais de marketing das empresas, e fazem cara de inveja. Estão, literalmente, empanturrados de dados. Não sabem o que fazer com tantos dados e informações. Todos os dias batem às suas portas *startups* com novas métricas e registros querendo vender seus serviços, e eles ainda não conseguiram dar sentido ao que compraram nos meses anteriores. Tipo Regulador Xavier nº 1.

Desculpe-me, querido leitor. Neste exato momento ia recorrer a Smokey Robinson e seu clássico *The Tracks Of My Tears*. Entrei num portal e lá estava a música. Primeiro verso, "People say I'm the life of the party 'cause I tell a joke or two". Sentado? Tradução do portal, "As pessoas dizem que eu sou a vida do partido porque eu contar uma piada ou duas". Segue, "Although I might be laughing loud and hearty deep inside I'm blue". Tradução, embora eu possa estar rindo e entusiasta no fundo eu sou azul...".

Voltando a Smokey Robinson e sua maravilhosa canção, "if you look closer, it's easy to trace the tracks of my tears...". Hoje é possível fazer-se isso 24 X 24 X 7 de todas as pessoas que estão deixando os *tracks of their tears*, e movimentações, consultas, e comparações e compras sem precisar olhar de perto. Mesmo a milhares de quilômetros de distância, é possível monitorarmos as movimentações de suspects, prospects e clients. Movimentações, objetivamente, e até mesmo registros de sintomas conclusivos.

Através de satélites de baixo custo, os grandes varejistas monitoram o movimento de carros nos estacionamentos de seus concorrentes. Prognósticos sobre faturamento provável antes do fechamento de balanços são estabelecidos pela movimentação de caminhões nos pátios das fábricas.

Meses atrás, em matéria no *The Economist*, a informação de que a Orbital Insight de Palo Alto, Califórnia, monitorando via satélite as áreas de cultivo agrícolas, vinha fazendo projeções mais acertadas sobre as safras que o departamento de agricultura. E que através de fotos de satélites, empresas especializadas medindo o comprimento das sombras projetadas pelos tanques de armazenamento conseguiam determinar com precisão máxima o nível dos estoques de petróleo...

É só o começo. Você não vê porque os dados trafegam no digital e não formam fila na porta da fábrica, mas, neste exato momento em que você me lê, existem toneladas de dados tentando despertar a atenção, interesse e compras de todas as áreas das empresas, muito especialmente do marketing. SOCORRO!

Dispepsia crônica de informações causando perplexidade patogênica e paralisadora.

Objetivamente, informação bruta abunda, sobra, derrama, vaza. Virou *commodity*. Agora chegou a hora dessa gente bronzeada e INTELIGENTE mostrar seu valor.

O segredo não é dispor dos dados. É que decisões tomar a partir dos dados; e de quais dados.

Todo o mais é cascalho, detrito, entulho.

SÍNDROME DE HM

Henry Gustav Molaison, de Hartford, Connecticut, sofria de ataques epiléticos. O ano 1953, e decidiu-se por operá-lo. Cirurgia de altíssimo risco de resultados trágicos, mas...

A técnica adotada a de perfurar dois buracos na parte frontal de seu crânio e sugar uma poção de seu cérebro – a metade da frente do hipocampo dos dois lados, mais a amigdala cerebral (formação no formato de amêndoa). HM – Henry Molaison – tinha 27 anos. Nunca mais foi capaz de registrar o presente, as novas experiências. Todos os dias tinha de ser apresentado para as mesmas pessoas.

Mas o serendipismo! Tentou-se resolver o Parkinson e descobriu-se a formação compartilhada do cérebro. As diferentes funções em seus diferentes espaços. Até então, a memória era parte integrante do cérebro em sua totalidade. A partir de Molaison, a certeza de que não era bem assim. E que as diferentes memórias habitavam diferentes espaços do cérebro. Talvez a mola propulsora e definitiva para o nascimento da neurociência. Molaison viveu até os 55 anos. Só se lembrava do dia da operação para trás.

De certa forma, a mesma síndrome que prevalece em determinados artistas e intelectuais brasileiros, que preservam a memória nos anos 1950 e continuam se encantando com as revoluções românticas daquela época; ignoram todo o restante. Mesmo lendo os jornais todos os dias, acompanhando os acontecimentos, emocionam-se com o que aconteceu lá atrás e sorriem melancolicamente diante das atrocidades de hoje.

Não há o menor registro que as tais das revoluções românticas converteram-se em cruéis e brutais ditaduras. Até hoje não reconhecem, por exemplo, todas as barbaridades e assassinatos coletivos ocorridos em Cuba no correr de décadas.

Rigorosamente o mesmo acontece nas empresas. A Síndrome de HM se faz presente em boa parte das organizações de sucesso do passado. Seus dirigentes continuam se referindo àqueles tempos e momentos, absolutamente convencidos de que, quando menos se espera, tudo voltará a ser como antes.

Enquanto isso, novos concorrentes vão ocupando o mercado, o consumidor evolui, amadurece e empodera-se, e o vendaval tecnológico joga tudo para cima infinitas vezes: uma nova realidade vai se formando. Mas o cérebro dessas empresas está definitivamente aprisionado ao passado.

HM lembrava-se com incrível precisão de acontecimentos de sua infância. O momento e as circunstâncias em que seu pai se transferiu da Louisiana, sobre a intensa alegria todas as vezes que patinava no parque, suas aulas de banjo e os passeios que fazia com a família na Mohawk Trail. Da operação em diante, não se lembrava de absolutamente nada. Do que fizera no dia anterior, na manhã de hoje, segundos atrás!

Suzanne Corkin, professora de neurociência comportamental no Instituto de Tecnologia de Massachusetts (MIT), acompanhou HM por mais de quarenta anos. Em depoimento a Tim Adams, do *The Observer*, Suzanne diz, "Henry era um homem envolvente, terno, com ótimo senso de humor, consciente de seus problemas de memória e resignava-se diante de seu destino. Repetia que as pesquisas sobre sua condição certamente ajudariam outras pessoas a viver melhor".

Infelizmente, não é o que acontece com muitos de nossos artistas e parcela significativa dos empresários. Estão absolutamente convencidos de que o passado prevalecerá e, então, a justiça será feita. Diferente de HM, não aceitam os fatos, descuidam-se do presente e colocam em risco qualquer eventual e possível legado.

Caminham, inexoravelmente, para o fim.

CAMINHÕES LADEIRA ABAIXO

Tudo bem, os automóveis despencaram e jamais voltarão a ter o brilho e a atratividade que um dia tiveram. Pela crise conjuntural – menos – e pela crise estrutural – mais –, perderam quase 10 posições no "shopping list" dos jovens.

Mas o que aconteceu com o negócio de caminhões em nosso país é semelhante a descer ladeira abaixo, sem qualquer tipo de freio e esperanças zero. No caso dos caminhões, crise exclusivamente conjuntural. Assim, e mais que os carros, ainda podem sonhar com tempos de glória e bons resultados.

Para se ter uma ideia da derrocada, no ano de 2013, produziu-se 154,5 mil caminhões e vendeu-se 187 mil. Nesse momento, muitos acreditavam que nem o céu seria o limite.

Três anos depois, 2016, produziu-se 50,5 mil caminhões e vendeu-se 60,5 mil. Literalmente, o negócio de caminhões em nosso país reduziu-se em 2/3. É hoje exatamente 1/3 do que era há três anos.

De qualquer maneira, e repetindo, as esperanças de um dia recuperarem parte ou a totalidade do espaço perdido é real e consistente. Dos automóveis, e repetindo pela enésima vez, jamais! E é por essa razão que as principais montadoras de caminhões não só não desistiram como planejam investir mais em todos os próximos anos.

Na *IstoÉ Dinheiro*, uma matéria recente sobre uma das empresas referência no território dos caminhões, a Scania. Nela, seu diretor-

-geral, Roberto Barral, que ingressou na empresa como trainee há 22 anos, é enfático e definitivo: "Estamos aqui há sessenta anos e já planejamos os próximos sessenta". Mais ainda, reitera sua crença nos ensinamentos de Drucker diante de uma nova realidade e que se poderia traduzir genericamente como reposicionar-se ou morrer.

Nessa direção, Barral afirma, "A crise acelerou processos e os clientes estão à procura de soluções, não somente de um caminhão".

Objetivamente, chega de restringir-se a ofertar o produto isoladamente. Mais que na hora de considerar o negócio como um todo, e ajudar e orientar os clientes a tirar proveito completo e melhor do produto.

Parar de vender o produto e cruzar os braços e preocupar-se com os resultados que os clientes alcançam com o produto mais todo o sistema de transporte em que se integra. E de quebra, principalmente, ajudá-lo a pensar em encontrar melhores soluções e caminhos para uma utilização plena e mais lucrativa do produto, ainda que tenha de transcender seu negócio específico agregando outros conhecimentos e serviços.

Na matéria, Barral diz que a partir de agora, a Scania quer ser percebida e reconhecida como uma empresa de tecnologia. E para tanto, vem investindo para merecer um *upgrade* em sua percepção.

Seu programa Serviços Conectados é um exemplo concreto dessa Nova Scania. Um programa que permite gestão de frotas e que hoje já se encontra instalado e monitorando 1.000 caminhões.

O SCS – Serviços Conectados Scania – monitora o comportamento dos caminhões e de seus motoristas aferindo velocidade média, consumo de combustível, estilo de condução do motorista, intervalos de manutenção e muitos outros dados relevantes.

Dentre os clientes da Scania que aderiram ao SCS, uma das maiores transportadoras do país, a TNT. Em poucos meses de adesão ao programa, uma economia comprovada de 10%. Considerando-se a margem apertada e concorrida que hoje caracteriza o negócio das transportadoras, significou agregar um valor considerável e substancial em sua lucratividade.

Em algum momento do futuro, espero o mais próximo possível, o negócio de caminhões em nosso país vai se recuperar e vai – afirmo e reitero.

Mas o negócio de uma montadora de caminhões jamais voltará a ser o mesmo. Fabricar caminhões ótimos é apenas o cacife mínimo para sentar-se à mesa do jogo.

As melhores e maiores rodadas serão vencidas pelas montadoras capazes de agregar serviços de excepcional qualidade e maior relevância aos produtos que fabricam.

Para essas, o sinal permanece verde.

ACORDA, ZÉ MARIA!

Presidentes, CEOs, empresas de diferentes setores de atividade, piraram. Envenenam-se de empáfia e *pavonice*, acreditam terem descoberto a pólvora, e que o vento do destino e as circunstâncias os levaram a possuir o tal do pote do final do arco-íris.

Você gosta de lagosta? De uma lagosta? De 10 lagostas? Tudo bem. E se eu lhe der 1 milhão de lagostas, o que você faz com o milhão de crustáceos? No popular, porra nenhuma! Ou, enfia em, no, sobre...

Agora todos se pavoneiam por deter um big data. Conseguem mapear e rastrear o movimento de todos os seus clientes, assim como de propects e suspects. Sabem tudo. E a cada novo dia, a cada movimentação, sabem mais. Ao menos é essa sensação que têm e alardeiam.

Lembra da piada? Um alto executivo estressado decidiu respirar e descomprimir numa fazenda. Os dias passam e sente falta do que fazer. Pergunta ao Benedito se não precisava de alguma ajuda.

Benedito lhe confia uma primeira missão. Espalhar o esterco sobre uma grande área de terreno, tarefa que demandaria duas dezenas de homens e de dois a três dias de trabalho contínuo.

Duas horas depois, o alto executivo retorna e pergunta ao Benedito se ele não tinha mais nada em que pudesse ajudar. Benedito não acredita e vai conferir; a missão tinha sido executada e com perfeição.

Em verdade, diz Benedito, não tenho nada tão importante, mas, já que você insiste em ajudar, pega aquele saco de batatas e separa as de boa qualidade das que não podem ser aproveitadas. E arremata dizendo, "você não vai levar mais que 10 minutos pra fazer isso, mas é o que eu tenho pra você fazer".

Benedito se esquece do alto executivo e só se lembra dele no dia seguinte. Lá está ele, sem dormir, perplexo e catatônico, olhando para as duas primeiras batatas. Uma em cada mão. E absolutamente incapaz de decidir.

Contando essa história em todos os anos depois Benedito terminava com sua conclusão: "altos executivos são imbatíveis em espalhar merda, mas incapazes de tomar uma decisão".

Veja, 2529, 10 de maio 2017. Mauricio Lima e Marcelo Sakate entrevistam um megapavão: José Maria Alvarez-Pallete Lópes, presidente do grupo espanhol Telefónica. Entrevista ilustrada por uma foto "artística", na qual o pavão esconde os pés e revela todas as plumas.

E, posando de inteligente, anuncia ao mundo, "Há alguns anos começamos a nos dar conta de que as plataformas geram muitos dados sobre nossos clientes: se veem ou não TV, se pagam as contas em dia, se reclamam muito e que aplicativos baixam. Mas só utilizamos esses dados parcialmente. É algo muito valioso, que vai além do big data. Com o uso de inteligência cognitiva, criamos o que chamamos de banco de dados pessoais. São informações de nossa rede e que pertencem ao cliente, para que ele receba atendimento personalizado, desde serviços financeiros até produtos diversos. Somos um grupo de telecomunicações, mas podemos ser no futuro um banco, uma companhia de seguros ou uma empresa de mídia. Será um novo mundo para as empresas de telecomunicações...".

Acorda, Zé Maria! Até hoje sua empresa presta um serviço de merda no Brasil.

Acorda, Zé Maria, os dados não pertencem à Telefónica, são dos clientes. Você perguntou se eles querem e autorizam de forma honesta, digna e verdadeira, e não na empulhação de um impulso e autorização escondida, criminosamente, num aplicativo qualquer e irresistível?

É esse o pensamento que prevalece, hoje, em milhares de empresas em todo o mundo. É a tal da bebedeira ou porre de dados. Cada uma acreditando tratar-se de conquista exclusiva, e que agora podem fazer de tudo e para todos. Mas continuam, perplexas e catatônicas e incapazes e incompetentes de prestar um serviço com o mínimo de qualidade. Com as primeiras duas batatas nas mãos e sem saber o que fazer.

Será o Benedito? Sim, é o Benedito! Antes que morram, todas, afogadas, engasgadas, asfixiadas, por dados que não param de jorrar, tipo disenteria.

FERNANDO FERNANDEZ FALOU

E disse muitas coisas que vale a pena ouvir.

Não confundir com o atacante paraguaio Fernando Fernández. Estou me referindo ao presidente da UNILEVER, e que concedeu importante entrevista meses atrás à *Exame*.

Fernando Fernandez, argentino, economista de formação, assumiu o comando da operação brasileira da UNILEVER no dia 2 de setembro de 2011. Assim, e completando cinco anos no comando, suas declarações, pelos anos de mercado brasileiro, ganham maior significado e revelam maior consistência. Vamos ao que disse:

- SEGREDO DO SUCESSO – PORTFÓLIO VERTICAL E HORIZONTAL DE MARCAS – "O que importa é ter um portfólio que nos permita manter nosso volume total – o número de unidades vendidas, as tonelagens de produtos, e estamos conseguindo fazer isso... nos anos 1990, sofremos com a recessão econômica. Por isso, em muitas das categorias de produtos de nosso portfólio, temos três ou quatro marcas, e isso nos ajuda a passar pelas crises com mais facilidade... A marca de xampu SEDA está crescendo como não crescia há 15 anos. Ora oferecemos marcas mais *premium*, ora mais populares...".

- COMPROMISSO COM AS MARCAS – "Nenhuma de nossas marcas está invisível hoje aos olhos dos consumidores, mas direcionamos mais recursos para aquelas que estão tendo – pelas circunstâncias e momento de mercado – mais apelo para o consumidor. Continuamos sendo um dos maiores investidores em publicidade... o relacionamento com o consumidor precisa ser contínuo. Não dá para parar de investir numa marca e escondê-la por três anos. Isso seria uma loucura...".

- O BOLO PRECISA CRESCER – "Minhas conversas com os varejistas sempre giram em torno de como fazer crescer as categorias de produtos. Me orgulho de roubar participação de mercado de meu concorrente... Mas a parte realmente significativa de meu desempenho vem do crescimento do mercado. A lógica machista de trucidar o concorrente existe, mas não faz muito sentido econômico. O que faz sentido é fazer o bolo crescer...".

- OPORTUNISTAS E CONSTRUTORES DE MERCADO – "A crise separa as indústrias que surfam a onda daquelas que constroem mercado. Nos momentos de bonança, o varejista não está muito preocupado com o que põe na prateleira.

Mas, quando a taxa de juro bate nos 14%, ter estoque custa caro, e não há crédito disponível. Ele coloca o dinheiro que tem em OMO ou numa marca desconhecida? Claro, coloca em quem continua investindo em publicidade e em fazer crescer a categoria".

- SOBRE A PROCTER CAIR FORA DO SABÃO EM PÓ – "Sabão em pó ainda representa 85% do mercado de limpeza de roupa em nosso país. Por isso, seguiremos produzindo sabão em pó, mercado no qual somos líderes".

NOTA: o que Fernandez não falou é que a PROCTER jogou a toalha e pulou fora. Hasteou a bandeira branca não de ARIEL, de OMO. A mesma bandeira descoberta e construída pela PROCTER em quase todos os demais mercados, menos no Brasil onde acreditava jamais viesse a atuar, e esqueceu-se de registrar a propriedade. Depois de um lançamento descomunal e arrogante de ARIEL em 1998, onde prometia rapidamente tomar o mercado de OMO, a PROCTER, menos de vinte anos depois, enfia o rabo entre as pernas – nesse território específico – e se retira, mediocremente.

- VITÓRIA SOBRE A NATURA EM HIGIENE PESSOAL – "Renovamos 70% do portfólio de produtos no Brasil a cada ano. Fizemos um trabalho particularmente bom nas categorias de cabelo, desodorantes e sabonetes. Além disso, o fato é que o mercado de venda direta tem sofrido com algumas questões estruturais nos últimos anos: uma delas é a expansão do varejo que cercou de todos os lados a população com produtos de higiene e beleza. Pense no crescimento das redes de drogarias...".

NOTA: As drogarias se multiplicam nas principais esquinas do país, o consumidor brasileiro prefere comprar produtos de higiene, beleza e cosméticos em drogarias e farmácias e não em supermercados – só em situação de emergência – e as redes de drogarias, finalmente, estão entendendo a burrice que vinham consumindo em estimular a venda de remédios pela internet quando tudo o que tinham e tem a fazer é motivar seus clientes a frequentarem com maior assiduidade suas lojas.

Uma ótima entrevista de Fernando Fernandez – nem jogador de futebol, nem galã de novela mexicana –, um profissional que resgata o *marketing mind* da UNILEVER BRASIL e passa o recado que o gigante apenas estava adormecido. Jamais morto. E agora, despertou.

AS ELEIÇÕES NOS EUA E A DEBACLE DAS PESQUISAS

Minha opinião sobre os erros grotescos dos institutos de pesquisas nas eleições nos Estados Unidos e no Brasil.

Quinta-feira, 4h51, recebo mensagem no Feice da jornalista Claudia Penteado:

"Madia, estou fazendo uma matéria em repercussão às eleições americanas, em que nenhum instituto previu a vitória de Donald Trump. Afinal de contas, o que aconteceu e por que não foi possível prever? Isso coloca em risco a credibilidade ou capacidade dos institutos de pesquisa de uma maneira geral? Qual a sua visão do tema, e qual é a margem de erro aceitável? Os métodos precisam ser revistos? No Brasil também houve discrepâncias nas eleições municipais recentes, como, por exemplo, a vitória no primeiro turno em SP, que nenhum instituto previu. Gostaria muito do seu comentário a respeito. Obrigada!".

Quinta-feira, 10h52, respondo,

"Claudia, anos atrás, inconformado com as imprecisões da metodologia das pesquisas políticas que, por razões econômicas, tiravam fotos espaçadas e não migravam para o filme, fomos à luta e trouxemos uma nova proposta. A do filme. Fazíamos dois campos de pesquisa todos os dias e durante 90 dias. Um de manhã, outro na parte da tarde. No final das eleições, fomos o único instituto a dizer que a próxima prefeita de São Paulo seria Luiza Erundina. Todos os demais, sem exceção, erraram! Os anos se passaram e nada mudou. Essa metodologia que enaltece a fotografia já era, e há muito tempo. De qualquer maneira, agora é tarde demais. Nas próximas, ou quem sabe nas seguintes, quem vai antecipar os resultados com uma precisão infinitamente maior será a inteligência artificial. Os WATSONS e CORTANAS. Que não farão qualquer pergunta. Apenas minerarão o comportamento das pessoas e sem que digam absolutamente nada em quem pretende votar, conseguirão prever e antever seus comportamentos. Abraço, Madia".

A matéria produzida por Claudia Penteado publicada no PROPMARK de 12 de novembro de 2016. Meus comentários, como de hábito, destoavam integralmente dos demais comentários aproveitados pela Claudia. E assim, merecidamente foram suprimidos, ou melhor, não foram aproveitados. Para que meus amigos e seguidores não fiquem sem minha opinião, fiz a transcrição das mensagens.

Quando os profissionais de pesquisa vão acordar? Ou estão condenados, sabe-se lá por quem, a usar uma metodologia com prazo vencido? Anos 1970?

A NOVA J&J: SEM CAMISINHA, MAS COM HIPOGLÓS

Os paquidermes do mundo velho relutam na inadiável autodestruição e reconstrução simultânea. Para a maioria deles, ainda não caiu a ficha de que um modelo que deu certo num ambiente que se dissolve dia após dia não continuará dando certo e performando num ambiente absoluta e radicalmente novo.

Muitos desses paquidermes, num determinado dia de manhã, se descobrirão estátuas ou atrações emblemáticas nos museus de gestão, como melhores exemplos dos piores comportamentos. Fazer-se cegos diante das transformações. Deixar-se assar, à semelhança dos sapos insensíveis às mudanças no ambiente.

Marketing Trends 2018

Assim, é com muito entusiasmo e atenção que li a entrevista concedida por Alex Gorsky, presidente do Conselho de Administração da Johnson & Johnson à Maria Luiza Filgueiras, revista *Exame*.

Assim e agora, além de alguns exemplos que já citava em minhas palestras de paquidermes que acordaram a tempo e decidiram enfrentar com coragem e determinação a necessidade inadiável e vital de se reposicionarem radicalmente, a J&J.

Foi mais ou menos assim. Um dia a J&J acordou e se disse: fim! Acabou! Aquele mundo em que nascemos, crescemos e prosperamos vai ficando pelo caminho. Se não quisermos ficar junto, temos de nos reposicionar. Já, agora, imediatamente.

Revisão de dna, portfólio, propostas, sentido, posicionamento, e... *Ser a maior empresa de saúde do mundo*. O ano era de 2008. E a liderança bradou, *"Vamos nessa!"*. E a conversão iniciou-se.

De lá para cá, comprou 85 empresas e vendeu 43 marcas e subsidiárias. Lembra? Vendeu Jontex e comprou Hipoglós. Mais ou menos por aí. Depois da adequação da estrutura e dos processos, a nova realidade. ATENÇÃO: primeiro se decide o que se quer ser, aonde chegar e o caminho a percorrer. O tal de planejamento. Depois, e simultaneamente ao início da caminhada dentro das novas definições, procede-se as adequações necessárias.

"Quando a crise de 2008 bateu e a economia começou a complicar, decidimos nos focar mais em certas áreas. Concluímos que a disputa pelo preço não era um diferencial, mas a inovação sim. Decidimos, por exemplo, não brigar no território dos genéricos, mas aumentamos, por outro lado, os investimentos em oncologia", diz Alex Gorsky.

Hoje, oito anos depois, a Johnson & Johnson vê seu reposicionamento e implementação mais que consagrado, e mesmo sendo reconhecida pela excelência de seus xampus e protetores solares no Brasil, alçou a condição de maior empresa de saúde do mundo.

Perguntado por Maria Luiza Filgueiras qual o caminho que a empresa vem adotando na busca pela inovação, Alex disse "big data". "Estamos nos apoiando fortemente em big data, analisando grandes volumes de dados. Hoje sabemos, por exemplo, que um tratamento contra o câncer funciona em um paciente que tem certa mutação genética, mas causa efeitos colaterais em outro".

E conclui, dizendo, convicto e coberto de razões e esperanças: "As pesquisas científicas mais importantes são as de prevenção de doença e não só as de tratamento... concluímos que estamos chegando muito tarde ao paciente".

J&J, mais um dos paquidermes condenados à morte – caso nada fizesse – a caminho da redenção e de uma segunda e próspera vida.

NAMING

Se no passado escolher um nome era tarefa para qualquer pessoa, hoje é uma ciência sofisticada de absoluta precisão e total eficácia. Em hipótese alguma, pode ser confiada a "pouca- práticas", ingênuos, neófitos e franco-atiradores.

E até mesmo empresas supostamente competentes cometeram trágicas barbaridades nos últimos anos, como tenho comentado de forma recorrente nos vídeos de meu Diário de um Consultor de Empresas.

E por que o *naming* é tão importante?

É tão importante e essencial porque, ao se batizar um produto ou serviço, potencializa-se o seu sucesso ou decreta-se, por antecipação, a sua morte. Tão simples quanto, ou apenas isso.

Mas alguns dos melhores processos de *naming* da história do marketing brasileiro aconteceram circunstancialmente. Obras do acaso. Por exemplo, um *naming* que está completando 70 anos de sucesso e consagração sem nenhuma perspectiva de que vá sucumbir nas próximas décadas, nem mesmo séculos...

O sanduíche mais consagrado e que mais vende no Brasil – muito mais que o Big Mac – e ainda sob a orientação de uma receita básica e dezenas de derivativos contemplando as circunstâncias e sazonalidades e manias das diferentes cidades do país, é o... Bauru.

Isso mesmo, o sanduíche Bauru! É o único sanduíche produzido nos 5.570 municípios brasileiros. Em 6,4 milhões de bares. Uma média de cinco por dia, o que totaliza 32 milhões de Baurus por dia. Toneladas de pãozinho francês ou forma, queijo, tomate, rosbife... Todos os dias. E isso só no Brasil. Sem considerar-se que extrapolou, atravessou mares, e hoje é produzido em muitas cidades de outros países.

Mais que isso, tornou a cidade onde eu nasci conhecida globalmente. Enquanto o celebrado e consagrado Big Mac totaliza uma venda anual nos Estados Unidos de 580 milhões de unidades/ano, o Bauru, no Brasil, vende 11,680 bilhões de unidade por ano, ou seja, 20 vezes mais do que o Big Mac vende em seu país de origem.

E assim, minha cidade, Bauru, tem seu *naming*, e que também é o do sanduíche recordista mundial de vendas, verbalizado 11,680 bilhões de vezes por ano.

Apenas, repito, em nosso país. E se o cozinheiro e o garçom não entenderem na primeira pedida, outros bilhões de repetições... Um *naming* de certa forma bastardo e produto das circunstâncias...

A Epifania

OS "BAURU"

Quase todas as pessoas que vinham do interior para estudar em São Paulo, capital, mereceram semelhante tratamento: rapidamente, eram "rebatizados" pela cidade de onde procediam: o Sorocaba, a Taubaté, a Tatuí, o Jau, o Botucatu, o Bauru... Eu, assim que cheguei de Bauru, virei o Bauru para meus amigos de rua e para os alunos do Colégio de Aplicação da Rua Gabriel dos Santos.

Assim como aconteceu com o Casemiro, filho da Dona Leonilda, quando aterrissou na cidade. Dona Leonilda era coletora de impostos na cidade de Bauru.

Meu pai, Carlos Araujo Souza, possuía um escritório de serviços e contabilidade, e todos os dias, com sete anos de idade, eu pegava minha bicicleta Philips aro 14, – fui um dos primeiros bicicleta boys do Brasil – e ia comprar selos – estampilhas – para colar nos documentos contábeis e fiscais. Era a forma como os impostos federais e estaduais eram recolhidos nos anos 1940 e 1950, em nosso país. O Casemiro Pinto Neto era um dos filhos de dona Leonilda.

Saiu de Bauru um pouco antes da Revolução Constitucionalista para fazer o curso de Direito na tradicional Faculdade do Largo de São Francisco, onde também acabei estudando mais tarde. Quando estava para terminar sua faculdade, um dia, no ano de 1937, Casemiro entrou no PONTO CHIC – lanchonete – do Largo do Paissandu, tarde da noite e após as aulas.

Muitos poderiam pensar que se dirigia ao terceiro andar do prédio, onde se encontrava instalado o mais refinado puteiro do centro velho – O Bordel de Madame Fifi (nome inspirado num conto de Guy de Maupassant), e suas Francesas. E também objeto do desejo de outros três amigos, Blota Junior, Adoniram Barbosa e Vicente Leporace, que, duros, ficavam mais a observar os movimentos do que tentar alguma conquista.

Mas Casemiro entrou no Ponto Chic e foi dizendo a seu amigo Carlos, sanduicheiro de plantão: "Carlos, faz o seguinte, pega um pãozinho francês, abre ao meio, tira o miolo, derrete o queijo e coloca no lugar do miolo... pensando melhor, corta algumas fatias daquele rosbife e coloca dentro... ah, Carlos, coloca também umas fatias finas de tomate para completar...".

Como a fome era muita, pediu um segundo sanduíche que começou a comer no exato momento em que seu amigo Kico (Antonio Boccini Jr.) entrava no Ponto Chic, também com fome.

Indeciso do que pedir, Kico bateu o olho no sanduíche do Casemiro e disse: "Carlos, me dê um desses do Bauru...".

Como anotou Fernando Pessoa: "Deus quer, o homem sonha, a obra nasce".

Hoje sabemos estar, naquele momento, diante de uma Epifania... Em diferentes versões, o Bauru é uma instituição nacional. E vendendo o Bauru original, o Ponto Chic prosperou, mantendo hoje, além da matriz do Largo do Paissandu – templo onde o Bauru foi circunstancialmente criado – outras duas filiais.

Em seus 70 anos de existência, que completou no ano de 2017, a receita do Bauru foi sendo aperfeiçoada.

Hoje o queijo é uma resultante da mistura do queijo estepe, mais queijo prato, mais queijo suíço, devidamente derretidos numa panela rasa com água quente misturada com manteiga. E ao rosbife e ao tomate, acrescentou-se duas rodelas grandes de pepino em conserva para o indispensável contraponto.

Assim, se você está começando um negócio ou vai lançar um novo produto ou serviço, recorra a um especialista muito especialmente no momento do batismo. Repito o que disse no início: um nome de qualidade alavanca e endereça ao sucesso ou fere de morte produtos e serviços na pia batismal.

Ou reze para que os deuses da sorte, os anjos das circunstâncias, e Nossa Senhora do Bom Parto estejam de plantão no exato momento que seu produto ou serviço chegar ao mundo, e se encarreguem de produzir uma Epifania monumental, como aconteceu naquela noite do ano de 1937 no Ponto Chic, dando luz e nome ao sanduíche mais vendido em todo o mundo e em toda a história dos sanduíches – O Bauru!

3
SUCESSOS, FRACASSOS, APRENDIZADOS

Através das lições de Nise Da Silveira, magistralmente interpretada por Glória Pires, uma pausa para refletir sobre o que profissionais e empresários deveriam colocar sempre em primeiríssimo lugar: a riqueza interior.

Revistas de aparente sucesso deveriam ser mais criteriosas em suas avaliações. Não existe a menor possibilidade de um vinho virar o melhor do mundo do dia para noite pela presença de celebridades no comando.

E a bobagem que tomou conta das pessoas de diferentes atividades revelando-se apaixonadas por contêineres. E eu assumindo um de meus poucos erros – felizmente – e enquanto analista das empresas e dos negócios.

O "mágico" WIZARD caindo em perigosa e mortal tentação, a ridícula e patética casinha da AMBEV, Mc DONALD'S, derrapando uma vez mais por tentar ser o que jamais foi e será, e TISHMAN SPEYER forçando a mão e pecando por falta de decoro e educação.

A RIQUEZA INTERIOR

Nise da Silveira, de Maceió, 1905, morreu aos 94 anos de idade na cidade do Rio de Janeiro no dia 30 de outubro de 1999. Notável e revolucionária aluna de Carl Jung.

Acreditava na Riqueza Interior. Emocionava-se com Otis Redding, *Try a Little Tenderness*. Apostava nas artes, na dança, no lúdico, no amor.

E dizia: "Não se curem além da conta. Gente curada demais é gente chata. Todo mundo tem um pouco de loucura. Vou lhes fazer um pedido: Vivam a imaginação, pois ela é a nossa realidade mais profunda. Felizmente, eu nunca convivi com pessoas ajuizadas".

Nise abominava a violência. Quando começou, a boa e consagrada técnica era a da porrada, confinamento, choque, insulina, lobotomia.

Dia desses assisti a seu filme da TVZERO, magistralmente interpretada por Glória Pires, a atriz oficial de algumas das mulheres notáveis do Brasil.

Começa com Nise/Glória tentando entrar num estabelecimento. Bate, ninguém se manifesta. Soca, ninguém se manifesta. Esmurra, a porta abre. Assim era Nise Da Silveira. Não desistia.

Em 1954, estabelece uma troca de correspondência profícua e reveladora com Carl Gustav Jung. Estimulada pelo amigo, realiza uma mostra da produção artística de seus pacientes – que chamava clientes – ocupando cinco salas no II Congresso Internacional de Psiquiatria, Zurique, 1957. Jung recomendou que Nise mergulhasse na mitologia para decifrar o inconsciente de seus clientes.

Seus principais ajudantes eram os animais. Muito especialmente cachorros e gatos. Mais colaboradores abnegados que subscreviam suas contravenções. Mudou a vida, a história, o tratamento, e o respeito aos esquizofrênicos de todo o gênero. Talvez, todos nós, em maior ou menor intensidade.

Terminado o filme veio o entendimento.

A Riqueza Interior. Mesmo naquelas pessoas supostamente maluquinhas da silva pelo comportamento, gestos, gritos, atitudes, há uma gigantesca e descomunal riqueza interior. Que jamais se revela, eventualmente transparece, excepcionalmente brota. Mas, sensível, sujeita a fugacidades e retraimentos.

E a certeza de que todos nós, seres humanos, ao fazermos nossas escolhas, temos diante de nós duas alternativas.

Privilegiar a construção e o armazenamento de uma Riqueza Interior, ou dedicarmos nossas vidas a construir e multiplicar uma Riqueza Exterior. Não existe incompatibilidade entre as duas, mas, quase impossível privilegiar uma sem prejudicar ou desconsiderar a outra.

A opção pela Riqueza Exterior tem componentes e caminhos que a própria razão desconhece, e que tropeça e constrange recorrentemente a busca pela Riqueza Interior.

Assim, concluindo, existe uma riqueza que só pertence a você. É a riqueza interior. É sua. Repito: pertence a você. E a mais ninguém.

Nasce com você, desenvolve-se com você, parte com você. E, talvez, quem sabe, continue com você.

Não se trata de dinheiro. Muito menos de bens materiais. Essa é a tal de Riqueza Exterior.

A Riqueza Interior é uma espécie de síntese da essência decorrente de leituras, vivências, relacionamentos, observações, registros, encontros, tristezas, alegrias, encantamentos, emoções, beijos, abraços, amores. O que você colheu durante a trajetória.

É cumulativa. Não retrocede, jamais diminui. Aconteça o que acontecer. É ilimitada. Você é quem determina a velocidade de seu crescimento, o tamanho de sua felicidade.

Também é intransferível. Os ao redor desconfiam ou percebem por seus gestos, movimentos, palavras, olhares, sorrisos, inflexões. E procuram permanecer ao máximo próximos de você para gravitarem na órbita de sua felicidade.

No final do dia, da jornada, da vida, é o que conta. Você parte sozinho. Você e sua riqueza interior. Aquela que vale a pena. E que conduzirá você a algum céu qualquer em outra dimensão.

A mesma que Nise e seus Clientes carregaram consigo.

Já a RIQUEZA EXTERIOR...

O PITTING – JOLIE – POINT

Começo mal. Com uma tentativa de trocadilho precária. Misturando o Tipping Point, anunciado anos atrás por Malcolm Gladwell, e os recém-separados Angelina Jolie e Brad Pitt.

Foi assim. Depois de juntos por oito anos Angelina e Brad decidiram comprar uma "pequena" propriedade. Onde viriam a se casar, formalmente, em 2014.

Após sobrevoarem diversas casas no entorno da pequena vila de Brignol no Var, próxima de Aix-En-Provence, a escolha recaiu sobre o Castelo Miraval, uma propriedade na França, com 35 quartos, lago, piscina, campo com pôneis, uma pequena floresta, por 35 milhões de dólares. E com um vinhedo particular.

Decidiram incrementar a produção, recorreram a uma consultoria, e, meses depois, uma primeira safra.

No ano seguinte, 2013, a renomada, para muitos, e no mínimo questionável para outros tantos, revista *Wine Spectator*, disse ter o celebrado casal produzido "O MELHOR ROSÉ DO MUNDO".

Assim que o burburinho começou a correr um barril do vinho foi leiloado por 10 mil euros, e uma garrafa da safra anterior, antes da intervenção do casal, viu seu preço subir de 10 para 21 euros.

Imediatamente a produção do vinho rosé dos demais produtores da região dobrou de preço, e o parceiro do casal, o consultor Marc Perrin, declarou: "Essa distinção, que recompensa o trabalho no longo prazo de Brad e Angelina, prova que um vinho rosé da Provence, elegante e refinado, pode integrar a lista dos melhores do mundo...".

Como é do conhecimento de todos, o casal separou-se.

A propriedade foi colocada à venda, agora megavalorizada não só por ter sido o lar das celebridades, mas porque em seus 600 hectares, e segundo a *Wine Spectator*, supostamente, "se produz o melhor rosé do mundo".

Era o que faltava para o rosé, finalmente, entrar na moda e ocupar um lugar no pódio. Um novo exemplo do tal de Tipping Point detalhado por Malcom Gladwell em seu livro *The Tipping Point – how little things can make a big difference*. Em português, Editora Sextante, *O Ponto da Virada*.

A presença e assinatura do casal no vinho, a matéria e comentários e avaliação da *Wine Spectator* era tudo o que faltava para, finalmente, o rosé decolar.

Nos dois últimos anos mais que dobrou seu consumo no Canadá, Reino Unido, Suécia. Dois anos depois nos Estados Unidos, bateu na casa dos 73 milhões de litros; e 80 milhões no ano de 2016, o da separação do casal.

Mais ainda, os millenials migram de armas e bagagens para o rosé em detrimento dos tintos e brancos. O que garante longevidade e consistência ao crescimento.

Teria a "renomada" revista que acompanha tão bem o negócio do vinho se interessado pelo Miraval Rosé Côtes de Provence não fosse a presença do casal de artistas?

Se você acredita que sim, até aceito, ou porque você é apaixonado pela Angelina, ou fixado no Brad. Mas, seguramente, NÃO!

E ao somar os dois e a avaliação, mais que soprar o vento do sucesso, o furacão do êxito levou o vinho para o topo assim como todos os demais rosés da região. O tal do Tipping Point, a pequena coisa que fez toda a diferença.

E agora. E após a separação, então, muitos vão querer degustar o vinho de momentos felizes e românticos de um casal que se supunha perfeito e cuja separação entristeceu a todos.

"Mais uma garrafa, por favor."

CONTÊINERES E OUTRAS BOBAGENS MAIS

Depois das barbearias retro, entram em cena os contêineres.

Tudo cabe num contêiner. Tudo fica uma gracinha num contêiner. Quero morar num contêiner...

É sempre assim que começa, nunca se sabe quando termina porque os que mergulharam na esparrela dissimulam, desconversam e, se questionados, respondem "Quem, eu? Você deve estar enganado ou me confundindo com outra pessoa...".

Apenas lembrando, e recorrendo à nova e mais que prestativa e fundamental "mãe dos burros", a Wikipédia: "CONTÂINER é um equipamento utilizado para o transporte de carga".

Preciso repetir?

"Um recipiente de metal ou madeira, geralmente de grandes dimensões, destinado ao acondicionamento e transporte de carga em navios, trens, caminhões... tem como característica principal nos dias de hoje funcionar como uma unidade de carga independente, com dimensões padrão em medidas inglesas (pés). A unidade base geralmente é o TEU – Twenty Foot Equivalent".

Deu pra entender? Não é para gente, nem para qualquer outro tipo de animal, muito menos plantas.

Abro o *Guia da Folha* da segunda semana de novembro de 2016. Chamada de capa, "Encaixotando São Paulo". Explicação, "Conheça a nova onda de bares, galerias e espaços gastronômicos que funcionam em contêineres". Não me contain.h..o. E urro: FUJAM! É um horror!

Marianas, Agunzi e Marinho saíram por São Paulo, a mando do *Guia da Folha*, para vasculhar os points de contêineres: "Nos últimos meses ao menos seis estabelecimentos abriram as portas em contêineres... praticidade, visual descontraído e custo baixo estão entre outras vantagens apontadas por empresários para montar negócios nessas estruturas".

Aí foram entrevistar uma arquiteta. Mariana Simas.

"O mais interessante é o reúso de um objeto descartado e tão simbólico de nossa economia de trocas. A desvantagem é que a chapa metálica de que é feito é um condutor de calor... além disso, toda a abertura feita nos contêineres vira uma aresta cortante...".

Imaginou, morrer assado e sangrado? SOCORRO!

Mercadoria é uma coisa; gente, outra. Gente, muito especialmente em galerias, bares, restaurantes, escritórios provisórios, quer conforto, comodidade, segurança, temperatura agradável; os contêineres são umas gracinhas de ser – por fotografia, como conceito e descrição. Para uso, uma bobagem.

Entro no MERCADO LIVRE. Infinitos vendedores de contêineres e derivativos. Atenho-me a um projetista de casas-contêineres. Oferece 93 modelos diferentes de projetos, pela bagatela de R$ 50 cada modelo. 100% dos que já compraram recomendam. Cada modelo trazendo entre 20 a 40 imagens. Passo a passo da construção – do início ao fim. Prefiro cela de cadeia.

Paro também num outro vendedor que é especializado em banheiros-contêineres. E olha o detalhe, masculino e feminino! Já entrega pronto pela bagatela de R$ 10 mil, ou em 12 x R$ 1.004,00 pelo cartão. E no Rio Grande do Sul o governo vem usando contêineres como celas provisórias. Depois de alguns dias vivendo encaixotados, os presos vêm apresentando um índice espetacular de recuperação fulminante.

Brincadeiras à parte, e, de novo, mais uma bobagem. Engraçadinha de se ver, tétrica de se usar. Só em situações de extrema necessidade, e como solução provisória, recorra, excepcionalmente, aos contêineres.

As soluções, clássicas, convencionais e consagradas, mesmo que eventualmente não tenham a mesma graça, permanecem sendo a melhor decisão. A menos que você se divirta em tratar seus queridos clientes como mercadoria.

Se eles topam, parabéns, todos de contêineres; merecem-se!

ERREI!

Impossível viver-se sem emoções. É da natureza dos seres humanos. Somos assim. E passado o momento, é um tal de esconder as merdas derramadas durante a catarse.

Acho que no meu caso foi uma catarse mesmo. Tal como Édipo, fiz-me cegar e exilei-me da realidade. Tal como Romeu e Julieta, fiz-me matar pelo quase amor proibido... aos livros.

Mas, no desempenho de determinadas missões, é prudente apartar-se das emoções e deixar-se conduzir mais pela razão.

Anos atrás, e de certa forma, decretei a morte do livro. Eu e milhões de açodados. Só que na minha profissão – consultor de empresas – e, mesmo sendo humano, isso é inaceitável, inadmissível, catastrófico. Mas, I'm sorry, acontece.

E assim aqui e agora estou para reconhecer a merda que fiz, dizer, berrar, "ERREI", e tentar, coberto de felicidade, reparar meu erro.

O LIVRO NÃO VAI MORRER! VIVA!

Quem já morreu foram seus possíveis e supostos substitutos. KINDLE, todos os demais livros eletrônicos, e a ilusão alimentada por muitos que os X,Y,Z iriam ler *Ulisses* e/ou *Em Busca do Tempo Perdido* em seus smartphones. Não vão nem por um cacete. E muitos deles o farão sabe onde? Isso mesmo, no velho, bom e insuperável Livro. Isso mesmo, o de papel.

Por favor, e para purgar minha culpa com requinte, confiram o absurdo que escrevi em fevereiro de 2008:

"Um ano após seu lançamento o Kindle – livro eletrônico de Jeff Bezos e sua Amazon – está definitivamente consagrado. É o livro eletrônico, assim como o iPOD é o tocador de MP3, e o WII é o videogame. Venceu, é a referência".

Teria eu naquele momento cometido 3 "pós-verdades"? Acho que sim, mas já tomando todo o cuidado, cada vez mais cuidado, por não ir usando indiscriminadamente essa palavra que na próxima segunda-feira pode não fazer mais o menor sentido.

Nesse meu pedido de perdão, as evidências que me levaram a tentações irresistíveis – era uma quase unanimidade – a tal da unanimidade burra –, e não tinha como não acontecer:

"Hoje, para se conseguir um Kindle nos EUA/Amazon, a fila é de no mínimo 3 meses. Os apressadinhos podem comprar os seus em sites de leilões na internet. Na configuração original, armazena, em 300 gramas de peso, até 200 livros. Mas, e se o comprador o desejar, pode utilizar um cartão SD e aí, nas mesmas 300 gramas de peso, cabem 40 mil livros. Isso mesmo, 40 mil livros, o que a maioria das bibliotecas do Brasil e no mundo não têm e jamais terão...".

E terminava afirmando, "Em janeiro de 2009, na Amazon, a nova versão do Kindle e o fim dos livros de papel mais próximo...".

Pois é, quem, economicamente, morreu foi o Kindle. Assim como todos os seus compatíveis. Os velhos e bons livros de papel, ainda que com tiragens menores, multiplicaram-se. E novos autores revelam-se aos borbotões, todos os dias, na tal da Content Era, a era do conteúdo. No papel mesmo.

No Brasil, em 2016, venderam-se menos livros que em 2015. Uma queda de mais de 10%. Mas, assim mesmo, quase 35 milhões de livros. Nada mal para um suposto paciente terminal e que eu, um leitor compulsivo e apaixonado, sob forte e injustificável emoção, quase no desespero, acabei matando.

ERREI!

E com humildade e arrependimento, peço perdão aos meus leitores, assim como ao meu melhor e inseparável amigo, o velho e bom livro de papel.

A MÁGICA DOS PÉS PELAS MÃOS

Começa que essa mágica não existe. Impossível enfiar-se os pés pelas mãos. Muitas pessoas tentam. Nenhuma consegue. Algumas insistem e se machucam. O mágico delira.

Até aqui, salvo pequenos exageros, fez tudo direito. Do zero a dois bilhões em poucos anos. E dotado de energia descomunal e jorrando empreendedorismo aos borbotões Carlos Wizard Martins não sossega.

Desta vez, no entanto, permitiu que a vaidade tomasse conta do cérebro e incorre em semelhante erro de 99,9% das organizações de varejo. Esquece-se de qual é seu negócio e decide colocar-se no lugar de seus principais fornecedores.

Incapaz de se contentar com seu descomunal e comprovado repertório de mágicas, Wizard joga fora, espero, provisoriamente, sua autoridade e isenção, sua capacidade de oferecer e garantir a seus clientes os melhores produtos, e cai no engodo da MARCA PRÓPRIA.

Mais conhecido como perda de tempo, fragilização do negócio, tiro no pé. Ou a tal da mágica que comentei no início: enfiar os pés pelas mãos.

Com uma caixinha na mão, e o mesmo sorriso nos lábios, Carlos Wizard Martins concede entrevista a Moacir Drska de *IstoÉ Dinheiro*: "A Mundo Verde é o nosso segundo maior ativo e representa 40% das receitas da holding... Vamos chegar a uma receita de R$ 600 milhões...".

A "tonteria" começou em março de 2017. Com a marca própria Elixir de produtos de beleza e de saúde para mulheres entre 30 e 60 anos.

Sob esse guarda-chuva, seis novas linhas incluindo produtos para pele, unhas e cabelos, suplementos, óleos e chás para controle de peso e prevenção de envelhecimento precoce, muito semelhante à outra "tonteria" protagonizada pelo enigmático, indecifrável, inconsistente, e rei da pedalada, Sidney de Oliveira.

Ou seja, temos um novo e melancólico campeonato em andamento. Quem comete a maior tolice, Sidney ou Carlos?

Acreditando na mágica trágica e suicida que nos últimos 50 anos vem debilitando as principais organizações de varejo do país Carlos mergulha em seu próprio engodo: "Queremos que as MARCAS PRÓ-

PRIAS representem 50% da nossa receita em cinco anos. Hoje essa participação é de 12%...".

Se por uma infelicidade a ambição de Carlos converter-se em realidade seu negócio terá terminado. O Mundo Verde mergulhará numa crise insuportável de comoditização perdendo por completo o sentido e a alma do empresário de quem Carlos comprou a empresa.

Não existe uma única história em todo o mundo, e muito especialmente no Brasil, de qualquer organização que tenha conseguido sucesso e ganhar dinheiro com as amaldiçoadas Marcas Próprias. Tudo o que conseguiram foi perder tempo, energia, dinheiro e fragilizar a relação com seus principais fornecedores.

Carlos, não existe em nenhum dos melhores repertórios de mágica no mundo dos negócios, nenhuma que tenha conseguido fazer de um varejo uma indústria.

Isso posto, menos, Wizard, muito menos. Insista no seu repertório consagrado e pare de delirar. Não coloque em risco um dos mais espetaculares cases de sucesso protagonizado em nosso país nos últimos 30 anos.

Evite tornar-se referência de alguém que o sucesso subiu tão absurdamente à cabeça que acreditou ser possível enfiar os pés pelas mãos sem maiores consequências.

Não repita a cena final de O Mágico de Oz quando Dorothy, o Leão Covarde, o Homem de Lata e o Espantalho, ajudados pelo Totó, descobriram que o mágico era um impostor.

A CASINHA DA AMBEV

Em mãos matéria recente de *Época Negócios*, assinada por Guilherme Felitti e fotografada por Fabiano Accorsi. Tirando os dois profissionais da imprensa, todo o resto é *bullshit*.

A casinha da AMBEV fica no Itaim, cidade de São Paulo. Como diz a revista, um "sobradinho discreto" e que tem por objetivo pensar a cervejaria, o negócio das cervejas, o futuro. Em verdade, e por trás da CASINHA, uma divisão criada pela empresa, a ZX Ventures, hoje presente em diferentes lugares do mundo.

Falando à *Época Negócios*, Guilherme Lebelson, chefe da ZX no Brasil, afirmou: "Queremos fazer negócios espetaculares". Sob seu comando uma equipe de 40 profissionais entre designers, programadores, especialistas em logística e jovens empreendedores.

Em verdade, a criação da ZX é a convicção da própria AMBEV que dentro dela – ambiente contaminado e inóspito pelo DNA "TUDO POR DINHEIRO" – não brota absolutamente nada.

Na aridez da falta de alma, na toxicidade da ambição desmedida, só se produz ódio, rivalidade, destruição.

Agora, e com aspas, declaração de um dos profissionais ouvidos por *Época Negócios*: "Eles achavam que seriam capazes de inovar colocando caras bem pagos na frente de um computador. Nunca saiu nada".

Não sei se você que me lê agora ainda se lembra, mas, recentemente, a AMBEV comprou uma das mais emblemáticas cervejas artesanais de nosso país, a WALS. Dos irmãos Thiago e José Felipe Pedras Carneiro.

A *Veja* BH noticiou o fato com grande matéria sob a chamada: "VENDA PARA A AMBEV COROA HISTÓRIA DE SUCESSO DA CERVEJARIA ARTESANAL WALS".

Passada a emoção do momento, uma vez mais, a certeza de que não se chega ao novo e ao relevante separando-se pessoas fisicamente para evitar a contaminação.

A Cultura AMBEV é tão tóxica que ainda que sua CASINHA fosse instalada no polo norte, o odor fétido, o veneno corrosivo, rapidamente tomaria conta da CASINHA. Que muito rapidamente se converteria numa pocilga, com todo o respeito aos porcos.

Dentre as manifestações recentes de iniciativas relevantes e emblemáticas de preparo para o Admirável Mundo Novo, A Draft Academia, de Adriano Silva (curador), e Lu Ferreira (COO).

Em seu portal, com data de 7 de junho passado, uma matéria com os irmãos Thiago e José Felipe. Se você tiver ainda algum tempo mais que recomendo a leitura. Traduz o meu sentimento sobre todo esse nada que é a lamentável e inconsequente tentativa da AMBEV, através da ZX Ventures.

Confira em: http://projetodraft.com/wals-de-cervejaria-familiar-premiada-a-menina-dos-olhos-da-ambev-que-a-comprou-como-lidar/

O Mc NÃO SE EMENDA

PALHAÇADA, RIDÍCULO, ESTUPIDEZ, MEDIOCRIDADE. OU, "INVEJO A BURRICE PORQUE É ETERNA", Nelson Rodrigues.

Quando uma empresa emplaca uma percepção de excepcional qualidade e valor naquilo que faz na cabeça e no coração das pessoas, duas certezas ou constatações.

Uma ótima – naquilo que faz, especialização, é praticamente imbatível.

A péssima – jamais, eu disse jamais, tente fazer qualquer outra coisa que o fracasso é absolutamente certo. Mais certo que dois mais dois são quatro.

O velho e bom Mc não se conforma em ser exclusivamente Big Mac e Fast-Food. Volta e meia cai em tentação e faz papel ridículo. Tipo café com gosto de Big Mac no McCafé!

Pior ainda, não aprende.

Incomodado com todos os players do *casual dining* – leia-se Outback, Madero, Applebee's, PF Chang's, Olive Garden, Red Lobster, faz merda, novamente.

Isso posto, com vocês, "McDONALD´S à mesa". UM MEGATÉDIO.

Os acionistas do Mc deveriam JÁ mandar interditar os "irresponsáveis *in chief*". Enquanto é tempo e ainda não destruíram o mais fantástico e revolucionário "case" de sucesso na história do *fast-food*, do *franchise*, e de logística e distribuição no território da alimentação.

Em tempo, a burrice, além de eterna, é universal. A prática começa pelos Estados Unidos e rapidamente será adotada em outros países. Inclusive, claro, no Brasil.

Um dia o Mc irá morrer. Mas, como ensinou Roberto Campos, muito melhor morrer de morte morrida do que de morte matada.

Os "gênios" que comandam o Mc fazem questão absoluta de se notabilizarem por abreviar os dias de uma das 10 mais emblemáticas histórias de sucesso no ambiente empresarial do século passado.

CONSTRANGEDOR

Para valorizar seu empreendimento em São Paulo, o Duo Morumbi – "pronto para morar e esperando por você" – a Tishman Speyer fez um anúncio de três páginas no *Estadão* de sábado, 25 de março de 2017. Uma página de abertura, e uma dupla na sequência.

Na página de abertura, o meu prédio do coração – jamais, em hipótese alguma, mesmo os mais arrojados e modernos conseguirão destroná-lo –, o Chrysler Building, na cidade de Nova York.

O título dessa primeira página e do anúncio, com o CHRYSLER BUILDING magnífico, emblemático e imponente prevalecendo, é, "O MUNDO TODO É ASSIM: ONDE TEM TISHMAN SPEYER, TEM UM ÍCONE DA ARQUITETURA".

É verdade, hoje o Chrysler Building é da Tishman Speyer, uma empresa fundada em 1978, por Robert V. Tishman e Jerry I. Speyer.

Chrysler Building, por sua vez, foi comprado e reformado pela empresa em 1998, e concluída a reforma em 2000.

Assim, a empresa tem todo o direito de usar sua propriedade de hoje, para valorizar seus empreendimentos.

Mas deveria, por uma questão de justiça, educação, inteligência e muito especialmente Valor de Narrativa, lembrar, de verdade, onde tudo começou e por que esse monumento existe majestoso até hoje, e assim continuará por décadas, talvez séculos. Um simples registro no pé da página reconhecendo seus verdadeiros autores.

Sua concepção leva a assinatura e autoria do arquiteto William Van Alen (1883-1954), atendendo a uma encomenda de Walter P. Chrysler, presidente da montadora, e disputando o privilégio com alguns dos mais importantes arquitetos do mundo: briefing, "a decorative jewel-like glass crown...".

A construção começou no dia 19 de setembro de 1928, consumiu 3.826.000 tijolos, e foi aberto ao público no dia 17 de maio de 1931.

Dentre as dezenas de monumentos Art Déco da cidade que é o maior museu de arquitetura contemporânea do mundo a céu aberto, NYC, em meu entendimento e paixão, e mesmo considerando outras joias espetaculares na cidade, o Chrysler Building é, de longe, a número 1.

Assim, e sob a ótica legal, nada a questionar sobre a decisão de sua proprietária de hoje, a Tishman Speyer.

Já sob a ótica do Branding Genuíno e Verdadeiro, uma escorregadela constrangedora, um exagero desnecessário, um grito desafinado numa catedral interrompendo com o som de uma gralha um coral de crianças.

Querido e adorado Chrysler Building, respire fundo e siga adiante irradiando e prevalecendo no que de melhor a arquitetura mundial produziu até hoje e por todas as próximas décadas, e para sempre.

E paciência com seu novo proprietário que não tem consciência do patrimônio da humanidade que comprou, e agora o exibe de forma medíocre e pueril.

4
BRANDING

A revista MARKETING completou 50 anos. A Editora Referência decidiu, com total merecimento, comemorar a efeméride. Pediu à Academia Brasileira de Marketing que selecionasse 50 das principais marcas que caracterizaram esse período em nosso país. Onde o marketing cresceu e prosperou até converter-se, hoje, na ideologia das empresas modernas.

A sucessão de equívocos e infelicidades ao se escolher o naming de produtos e empresas prossegue. Um dos restaurantes de maior sucesso do Brasil tem uma denominação trágica. Pior ainda, caiu no engodo de ter um "vinho da casa" e batizá-lo com o mesmo nome do restaurante.

Finalmente o programa de relacionamento do Pão de Açúcar evoluiu e faz a alegria e felicidade de sua gigantesca clientela. Programa bom é quando o cliente se sente reconhecido. E é essa sensação que os clientes do Pão de Açúcar hoje, sob a gestão Casino, têm.

Hotel Urbano, um exemplo mais que emblemático de um fato que vai se tornando recorrente nessa travessia entre o mundo velho e o novo. A incapacidade dos gestores de fundos de revelarem um mínimo de sensibilidade para conviverem com a nova cultura das empresas. Em especial, com seus jovens, talentosos e diferentes líderes.

E mais Google e "Feice" revelando outros lados, faces e comportamentos que seus seguidores se recusavam a ver. Grandes e tradicionais marcas a caminho do matadouro. E joias que perderam o brilho para sempre...

AS 50 MARCAS DO BRASIL

A revista MARKETING completou 50 anos. Definitivamente, não é pouca coisa. Especialmente num país onde a taxa de mortalidade das empresas é uma espécie de anátema do qual temos de nos livrar via educação, treinamento, formação e capacitação de novos empresários. Vocação empresarial existe, mas o despreparo é maior. Mortalidade de publicações, então, uma tragédia.

Nesses primeiros 50 anos, foi o registro, o depósito qualificado e confiável, a memória do que de melhor se fez e praticou de marketing em nosso país.

Quando foi lançada, o marketing era uma força em crescimento, com consistente perspectiva, mas se restringia aos consagrados 4 "Ps", de Jerome McCarthy. Hoje os "Ps" são 12, e o marketing converteu-se na ideologia das empresas modernas e de sucesso. Marketing e sua alma gêmea, ou irmã siamesa, BRANDING. As duas faces de uma mesma moeda.

Faz-se MARKETING para posicionar a empresa, produtos e serviços em consonância com as expectativas, necessidades, vontades e desejos das pessoas. Faz-se BRANDING para informar e sensibilizar essas pessoas que o que queriam está pronto, disponível e acessível em todos os planos e sentidos, e que atende por um determinado "naming". Que aos poucos, gradativamente, mediante branding de excepcional qualidade, vai se convertendo numa MARCA de respeito e admiração na cabeça e no coração de seus agora clientes e demais stakeholders.

Foi isso que MARKETING, a revista, fez nos primeiros 50 anos. E que continuará fazendo em todos os próximos.

E aí se peneirou esses 50 anos em busca de AS MARCAS DO BRASIL. Uma espécie de número zero de uma nova premiação, AS MARCAS DO BRASIL. Agora, para celebrar a efeméride; a partir do ano que vem, para reconhecer, enaltecer e reverenciar as marcas que ano após ano vão conquistando sucessos e vitórias, e, simultaneamente, inspirando todas as demais empresas para que sigam caminhos paralelos, próximos ou semelhantes.

Depois de devidamente peneiradas chegou-se a um total superior a 300. E essas 300 foram submetidas à análise e ao julgamento dos Acadêmicos do Marketing. Quarenta profissionais e empresários que integram a ACADEMIA BRASILEIRA DE MARKETING.

E as vencedoras serão reconhecidas e reverenciadas, publicamente, em solenidade a ser realizada no correr deste ano, e são:

Em alimentos e bebidas, ANTARCTICA, BRAHMA, COCA-COLA, KIBON, NESTLÉ, SADIA e VIGOR; em automóveis, CHEVROLET, FIAT, FORD, NISSAN e VOLKSWAGEN; em bancos e financeiras, BANCO DO BRASIL, BRADESCO, ITAÚ, MASTERCARD, VISA; em comunicação, GLOBO, RECORD, Y&R, WMCCANN, OGILVY, ALMAPBBDO, DPZ/T.

Em educação, ESPM e FGV; em energia e indústria, EMBRAER, IPIRANGA, PETROBRAS e ULTRAGAZ; em higiene e beleza, COLGATE, GILLETTE, NATURA, O BOTICÁRIO, JOHNSON&JOHNSON; em limpeza, BOMBRIL, OMO e VEJA; em moda, HAVAIANAS, HERING e NIKE.

E ainda em saúde, HOSPITAL ISRAELITA ALBERT EINSTEIN; em tecnologia e internet, APPLE, FACEBOOK e GOOGLE; em utilidades domésticas, BRASTEMP e TRAMONTINA; e, em varejo, CVC, PÃO DE AÇÚCAR e C&A.

Todas essas MARCAS DO BRASIL, sem exceção, têm uma característica principal em comum. Decorrem, são fruto e resultado, da contribuição de um batalhão de pessoas, no correr de dezenas de anos, com duas ou três exceções que são as marcas mais recentes e produtos do ambiente digital.

Todas plantadas e semeadas, a partir do sonho de um visionário, que compartilhou esse sonho com seus companheiros iniciais de jornada, que por sua vez foram passando com todo cuidado e sensibilidade a seus sucessores.

Por essa razão que se trata de MARKETING e BRANDING; e não de MARKET e BRAND. Sabe-se quando começa, mas se tem a certeza de que não termina nunca. No mundo exclusivamente analógico tinha-se a sensação que, porque as pessoas descansavam nos finais de semana, o MARKETING e o BRANDING também aproveitavam para dar uma cochiladinha. Hoje se tem a consciência que não; absolutamente, não. Tudo o que se sabe é quando começa. Tudo o que se sabe é que não termina jamais, porque são manifestações vivas.

E que se, por quaisquer razões, pararem, morrem. Depois de 50 anos tudo o que descobrimos, e que a revista MARKETING registrou, é que MARKETING, LIVE! BRANDING, LIVE!

Apenas isso.

SUCESSO DEMAIS...

Se a base não é boa, se a cabeça não está assentada, se a adrenalina transborda, se os elogios cegam, o inevitável acontece. Bobagem da grossa. Daquelas de passar vergonha.

Leio no *Diário do Nordeste*, edição de 3 de dezembro de 2014, e repercutindo a revista: "Expansão do Coco Bambu é destaque na Forbes Brasil".

Mais que merecido. Presumo. Sucesso de público, ainda que não necessariamente de crítica; mas, é o que conta. Não fui e não vou.

Recuso-me a comer num restaurante, a estas alturas da vida – 74 anos e alguns meses – que não se anuncie com um nome minimamente palatável. Coco Bambu? Tô fora. Ainda mais com uma proposta tipo Maracanã, quando tudo o que quero hoje é uma pequena mesa, com música quase imperceptível de fundo, e pessoas silenciosas e educadas no entorno. Porções pequenas e de qualidade. Uma taça de vinho de procedência comprovada e assinatura confiável. Mas nada disso conta para efeitos do marketing e da vida. E para o interesse de meus queridos leitores.

Diz o jornal, "Surgido há 25 anos" – coisas que surgem me causam arrepio – "o negócio foi criado por Afrânio, que até então atuava como engenheiro civil, e pela esposa, Daniela: 'Eu tinha uma empresa de construção civil e minha esposa era recém-formada, e resolvemos abrir o Dom Pastel'".

Assim, em 2001, mais que surgir, nasce o Coco Bambu. Segundo os clientes do Dom Pastel, "Fortaleza ainda não tinha um bom restau-

rante de frutos do mar, e como o Ceará é o maior produtor de camarões do Brasil com turismo voltado para a praia, achamos que era um grande negócio abrir um restaurante nessa área...".

Tudo o mais é história. Agora deixo o *Diário do Nordeste* e desembarco na *Gazeta do Povo,* Paraná: "Coco Bambu em Curitiba abre as portas na segunda quinzena de junho (2016)... restaurante terá três andares e vai atender até 500 pessoas ao mesmo tempo...".

Desço um pouco mais e abro o *Zero Hora*, Porto Alegre, setembro de 2016. "Unidade do Coco Bambu no Shopping Iguatemi projeta receber 50 mil pessoas ao mês...". Penso, meu Deus, os gaúchos estão abandonando o churrasco...

Enfim, amigos, tal como o Madero do sul – megassucesso, o Coco Bambu, nordeste, é outro megassucesso Brasil. Repito, com total merecimento. Pra quem gosta, e sem brincadeira de péssimo gosto, é um prato feito.

Mas, retornando ao início, o sucesso subiu à cabeça e as tontices multiplicam-se. Na *Folha*, janeiro de 2017, Coco Bambu lança o vinho... suspense... Isso mesmo, Vinho Coco Bambu. Que merda! Sem o vinho já era um barulho só, agora com o vinho é um ruído insuportável.

Mas, e me segurando, brincadeiras ou irritações à parte, Afrânio e Daniela, antes de mais nada, parabéns pelo merecido sucesso. Mas menos, muito menos.

Branco ou tinto, ainda que "desenvolvido pelo consagrado enólogo Luis Duarte, e produzido em Portugal na região do Alentejo no ano de 2015", uma gororoba. Como sei se jamais pus os pés no restaurante e muito menos "apreciei" o vinho? Pela simples razão que vinho com marca de e do restaurante é péssimo; que se gosto de Coco Bambu na comida e no ouvido é insuportável, vazando para o vinho, então, nem comentar.

Por favor, alguém amigo do casal dê um toque salvador antes que a vergonha coloque em risco o merecido sucesso.

Em tempo, se não obstante meu comentário você sentiu vontade de experimentar o fantástico vinho Coco Bambu, branco ou tinto, está em promoção, de R$ 99 por R$ 75.

COM AÇÚCAR E COM AFETO

Um dia Nara Leão cruza com Chico Buarque e *brifa*: "Quero uma canção que fale que a mulher sofre, a mulher espera o marido etc. e tal".

"Eu fiz para a Nara e pro tema exato que ela pedia. Uma canção sob encomenda mesmo...", explica o compositor.

Na música, o açúcar e o afeto no doce predileto eram para o marido parar em casa. O mesmo que a comunicação moderna e eficaz impõe às empresas que minimamente pretendam e mereçam ganhar a atenção de seus suspects, prospects e clients.

Sem açúcar e sem afeto chances zero.

Desde que o Casino o comprou, o Pão de Açúcar é outro. Não obstante todos os merecimentos e créditos de Abilio e seus comandados, um novo dono, uma nova gestão, só melhora a percepção que seus clientes têm da rede.

O potencialmente melhor clube de relacionamento do país, o Pão de Açúcar Mais – Cliente Mais –, enquanto sob a gestão anterior era uma lástima; com o Casino, ressuscitou!

E agora os clientes da rede lembram-se de que têm um plano que funciona, que dá descontos, que premia, não mais esporadicamente. Semanalmente, diariamente. E que ninguém mais precisa telefonar para quem quer que seja para agendar o resgate dos créditos numa determinada loja. A cada nova compra, a caixa diz o saldo e pergunta ao cliente se quer utilizá-lo.

Agora, o mesmo carinho e afeto vêm sendo aplicados em doses substanciais e generosas pelo Pão de Açúcar em sua comunicação com o mercado. Não apenas ofertando, como fazem os demais players, mas agregando valor, prestando serviços, atraindo e gratificando, irresistivelmente, seus clientes.

Semanas atrás, voltei a receber um encarte especial de limpeza. Se fosse como antes, um anúncio e ofertas.

Não! Definitivamente não! Um editorial de qualidade contando com a cumplicidade de alguns dos principais fornecedores de produtos de limpeza da rede.

O encarte é um Especial de Limpeza. E, em seu editorial, diz, "O segredo para manter a casa limpa é simples: escolher os produtos certos e saber usá-los. E é essa a missão do Pão de Açúcar neste especial, ajudar você a encontrar o que precisa com o melhor custo-benefício para cuidar de seu lar, sem esforço. Aproveite!".

Claro que tem ofertas; e que ofertas! Descontos de até 50% em produtos de limpeza, o que é sensacional. Mas nenhum desconto vem sozinho. Suporta-se e enaltece-se com editoriais de uso.

Omo, Vanish, Ariel, Ola, Comfort, Ypê, Passe Bem, Veja, Condor, Finish, Silvo, SBP, Neve e muitas outras marcas de qualidade, não apenas vendendo-se, mas também, e principalmente, orientando.

E logo em baixo de cada oferta e mini editorial, dois preços. O preço da gôndola e o preço para Clientes Mais.

Por exemplo, na compra de três unidades de Omo Multiação 4 kg o cliente ocasional paga R$ 36,90 a unidade. O Cliente Mais, R$ 29,90. Ou o Lava-Roupa OLA de 1 litro que custa R$ 20,90 para o cliente ocasional, e R$ 15,90 para o Cliente Mais. E, em anexo, o conteúdo:

"A pele do bebê é supersensível e, por isso, é importante escolher um lava-roupa líquido que não cause alergias. Além disso, lembre-se de lavar a roupa de bebê separada das peças da família até, pelo menos, seis meses de idade. Para saber mais consulte seu pediatra".

Se no – Com Açúcar, Com Afeto – o objetivo das mulheres era fazer seus homens "pararem em casa", o do Pão de Açúcar é o de alcançar a preferência total de seus clientes.

JAMAIS RETER! Atrair, conquistar e sustentar. Com Carinho e Com Afeto até mesmo e porque o Açúcar está na marca. Com atenção e respeito. Com relevância. Com Serviços e Conteúdo.

E mais, claro, para os Clientes Mais!

Tão simples e óbvio, não? Por que será que todas as "demais" empresas não seguem o exemplo?

TIME IS OVER!

Mas e se todos escancarassem o coração, deixassem de lado eventuais divergências, abrissem mão de pequenos conceitos, entendimentos, certezas, mesmo assim você acha impossível...? Sim, absolutamente impossível. Agora, se você dispõe de tempo, energia e dinheiro sobrando e diverte-se em perdê-los, aproveite. Tô fora!

A juventude, a loucura, a paixão o devaneio, o delírio, ensandece os gestores de fundos. Como sempre estão com pressa, diferente dos jovens que patrocinam e que ainda não cruzaram a casa dos 30 e têm todo o tempo do mundo pela frente.

Resistem o máximo que podem, engolem seco, mas em algum momento cravam de morte projetos de autores expulsos aos berros e gritos de suas obras. Como um dia aconteceu com Jobs na Apple. E, depois, ele voltou.

João Ricardo, 35, e José Eduardo, 33, protagonizaram nos últimos dois anos a Grande Guerra da internet Brasil. Seus algozes, os fundos americanos Accel, Tiger e Insight (Priceline).

Foi assim. Depois de trancar a matrícula na Faculdade de Direito, João Ricardo decidiu acompanhar o lutador Roger Gracie na abertura da academia Gracie na cidade de Londres. Treinava e dava aulas de jiu-jítsu. Voltou ao Brasil em 2005. Fundou um primeiro comércio eletrônico – Apetrexo – e, em 2011, com seu irmão José Eduardo, "construiu" o Hotel Urbano.

Em três anos tornou-se, o Hotel Urbano, o queridinho dos investidores. Decolou na vertical. Em pouco tempo uma injeção de US$ 150 milhões dos três fundos americanos, e, segundo aqueles cálculos que algumas pessoas fazem e quase todas as outras abrem a boca e acreditam sem pedirem comprovações, foi avaliado em R$ 2 bilhões.

Em 2015, bateu na casa de 1 milhão de clientes e um faturamento de R$ 550 milhões. Mas a relação com os investidores era insuportável. Foram sacados do comando e tiveram que se conformar apenas como acionistas. Em 2016, o Hotel Urbano veio abaixo. Vendas caíram 70%. Investidores acenaram a bandeira branca e celebraram o armistício com os irmãos. Até quando? O suficiente para recuperarem o investimento e caírem fora.

Meses atrás João Ricardo, correndo riscos pelo contrato de confidencialidade assinado no armistício, abriu a boca. E revelou e confirmou – como tenho insistido –, que empreendedores e investidores olham em direção opostas, e alimentam expectativas diferentes e antagônicas.

Os primeiros acreditam que, felizes, chegarão ao lucro. Os segundos abominam a tal de felicidade.

João Ricardo conversou com Bruno Vieira Feijó da revista PE&GN:

1. "Na minha cabeça, startup é estado de espírito, e não números. Para os fundos, o dna de startup era incompatível com quem já tem 600 funcionários e fatura R$ 500 milhões...".

2. "Exigiam uma gestão mais profissionalizada e começaram a contratar funcionários mais experientes vindos de consultorias estreladas... Tivemos que receber aqui bonitões de terno e gravata que ganhavam R$ 1 milhão por ano...".

3. "Perdemos as pessoas que compartilhavam o sonho de construir de forma sustentável e perene uma marca online referência em viagens na América Latina".

4. "Existe um comportamento fundamental que todos precisam ter: o de líder servidor. Quem não serve o outro não tem mo-

ral para pedir ajuda em momentos cruciais. Não terá um programador a seu lado virando a noite para construir ou corrigir um projeto bacana. Os bambambãs de gravata que vieram para cá com 20, ou 30 anos de mundo corporativo nas costas, eram ótimos em planejamento e estratégia. Falavam bonito, faziam um milhão de apresentações no Power Point, mas zero na execução...".

5. "Qualquer curso pode ensinar a fazer PPTs e planilhas, mas nenhum ensina características como atitude, caráter e postura de dono. O nosso negócio é feito de pura execução, mão na massa!".

Deu pra entender? Não combina, não carbura, não orna, não multiplica, não prospera, não glorifica, não viceja, não floresce, não nada. Só aborrece.

Em passado recente, de triste lembrança, sofrimento, escravidão, porrete, chicote, terno, gravata, Power Point, gomalina, bico fino, davam dinheiro.

Acabou! Next...

DE VERDADE OU, APENAS, RP?

Google e Facebook que se cuidem!

Apoderaram-se e apropriaram-se de parcela expressiva do mundo que vivemos. "Cuidam de nós", "Nos proveem de informações e supostas verdades", "Nos aproximam de nossos velhos e novos amigos", enfim, são empresas megaultrafriendly. São?

De vagar com o andor que o santo... Não o santo... O caixão é de madeira e se rompe ao cair no chão... Ou, quando a esmola é muita até o santo desconfia.

Não dominam o mundo por completo. Mas quase ou a caminho. E depois das bondades iniciais agora, e gradativamente, vêm revelando suas garras e ambições pantagruélicas.

O de graça virou caro. As licenças restritas. As concessões limitadas. E diminuindo dia após dia a menos que você decida pagar. Quem diria, trouxemos todos os que nos são mais caros – novos e antigos – para próximos de nós através do "feice" e agora o "feice" diz que se quisermos falar ao mesmo tempo e com todos teremos de pagar... De graça, garante apenas 5%...

Começo a ficar nervoso. Não vou gritar "polícia" porque não adiantaria nada. Mas é indisfarçável o desconforto que sinto nas pessoas com quem convivo. E ainda, e de vez em sempre, quando uma nova base vai se consolidando, o "feice", como fez duas semanas atrás, troca o algoritmo. Ou seja, puxa a toalha, joga tudo para cima e começa tudo do zero, novamente.

Quem estendeu as mãos – cuidado para ver se não tem tachinha, alfinete, prego ou choque nas mãos – foi o Google. Para seus admiradores brasileiros, muito especialmente da cidade de São Paulo. Assim como fez em Londres, Tel-Aviv e Seul abriu um prédio na região da Avenida Paulista, o Campus São Paulo. Para atrair a galera... E... muito mais.

É tentador! Irresistível! Mas se pudesse dar algum conselho para você, querido amigo milênio, pense bem. E, se for, acautele-se. Em algum momento vai chegar a conta. Talvez e até mesmo, este comentário seja injusto com o Google, que até agora foi muito mais autêntico que o "feice". Mas, e sempre, desconfiar é preciso.

É tudo muito bonitinho, tudo engraçadinho, tudo divertido, dá status fazer parte do Campus São Paulo do Google, mas jamais se esquecer do Dr. Johannes Georg Faust... isso mesmo, o que vendeu a alma ao diabo. E mesmo tendo se encontrado, finalmente, com Margarida, não conseguiu desfazer-se do compromisso assinado com o capeta.

Foi-se o tempo do "de graça até injeção na veia". Muito especialmente depois dos trambiques e rasteiras de muitas nas novas empresas do ambiente digital.

DONNA KARAN "DEAMBULA POR LAS CALLES"

No blog que leva seu nome, Lilian Pacce, a todo-poderosa em moda da Globo, postou no dia 30 de junho de 2015, o seguinte:

"Donna Karan sai do estilo da Donna Karan, a marca.

Uma das estilistas mais importantes da história da moda norte-americana, Donna Karan sai do cargo de estilista-chefe da marca que fundou em 1984, com o seu então marido Stephan Weiss. Um dos objetivos é se dedicar a sua companhia Urban Zen – mas ela continua no quadro de conselheiros da empresa, segundo a própria. Desde 2001, a Donna Karan International faz parte do guarda-chuva de marcas do grupo LVMH. Por enquanto, a marca avisa que vai passar por reestruturação, portanto, um novo estilista não deve ser anunciado tão cedo – momentaneamente, desfiles estão suspensos".

E concluía,

"A maior contribuição de Donna Karan, a estilista, pra história da moda é a predileção pelo conforto e, principalmente, pela praticidade. Foi ela quem criou um "guarda-roupa funcional", o Seven Easy Pieces, que prometia com apenas sete peças intercambiáveis fazer todos os looks que a mulher moderna precisava ter. Deu certo, vendeu horrores e incluiu o nome de Donna entre os grandes, como Calvin Klein e Ralph Lauren. Como será que a marca vai se desenvolver a partir de agora? Vamos aguardar!".

Treze meses depois, julho 2016, a LVMH vende uma das marcas melhor construída no território do fashion e do marketing moderno, pela bagatela de US$ 650 milhões.

Agora DK passa a integrar o portfólio de marcas da "multimarcas" G-III, que já controla e gerencia, dentre outras, Levi's, Calvin Klein, Guess e Tommy Hilfiger. Marcas que continuam rendendo dividendos, mas que mergulharam inexoravelmente em direção ao fim. Vacas leiteiras exauridas e debilitadas que, e à semelhança de DK, a partir de agora, desalmadas, "deambulan por las calles...".

Qualquer dia desses, em algum cesto de lixo da Madison Avenue, um passante descuidado e curioso, baterá o olho no que restou de uma narrativa emocionante que empolgou seus admiradores durante décadas, e foi naturalmente descartada, após dela se extrair tudo, eu disse tudo, o que foi possível e impossível também. Sobrou a pele, e nenhum osso. Virou matéria-prima para embutidos...

Quando será que investidores compreenderão que marcas sem alma não sobrevivem? Eu mesmo respondo, NUNCA!

AGORA EU SEI, PORQUE O S ESTÁ CAINDO DE COSTAS.
E O ab É MIUDINHO...

É o Peso da Inautenticidade. A opacidade sombria de um brilho perdido.

A história é espetacular. Um alemão naturalizado, 1945, Hans Stern, fugitivo da guerra, da ascensão do nazismo, abre um pequeno escritório de compra e venda de pedras preciosas na cidade do Rio de Janeiro.

Em 1969, abre sua primeira loja na Praça Mauá, e cria um certificado para atestar a procedência e valor de suas joias. De certa forma, sua sensibilidade e competência emprestam até hoje uma posição de destaque a algumas pedras encontradas em nosso país, como a água-marinha, ametista, topázio e turmalina. Hans morreu coberto de glórias em 2007, deixando sua obra para seus filhos Roberto e Ronaldo Stern. 280 lojas, em 30 países.

2016. O novo S, gradativamente, pende mais para trás. Sonegação fiscal, lavagem de dinheiro e cumplicidade num esquema de desvio de dinheiro de obras públicas.

Hoje os colares, brincos e anéis da marca adornam celebridades como Angelina, Sharon, Catherine, e dezenas de outras artistas de Hollywood nas noites do Oscar. Hoje está presente de forma substancial e significativa na coleção criminosa de Sergio Cabral e sua mulher Adriana Ancelmo.

Nas investigações fica a dúvida. Será que Hans sabia? A ação da quadrilha começa exatamente no ano de sua morte e prossegue até 2014. Adriana transformava dinheiro em joias, infinitas joias, com o S caindo de costas, e um ab miudinho e deitado de Antonio Bernardo – com as iniciais minúsculas, mesmo.

E aí me perguntam, quanto vale uma marca? Quanto vale hoje a marca H. STERN e a Antonio Bernardo?

Dessa pergunta, e antes de uma possível e eventual resposta, impõe-se uma segunda pergunta. O que o comprador pretende fazer com a marca. E como procederá para fazer o que pretende fazer?

Uma vez respondidas essas questões, é possível dizer-se sobre o possível valor dessas marcas, e de qualquer marca.

Como já tenho dito para vocês, essas avaliações toscas e pornográficas que supostas instituições sérias fazem das marcas e que a imprensa *naif* engole, pública e repercute, só servem para o delírio dos desocupados, devaneios dos incompetentes, e masturbação dos áulicos.

No caso específico dessas duas marcas, quem dará a resposta são os herdeiros de Hans, se é que permanecerão livres e no comando, e o designer de joias, Antonio Bernardo, nascido na cidade do Rio de

Janeiro em 1947, que depois de uma carreira de sucessos e glórias, fraquejou e deixou-se, corromper.

Difícil gostar das joias de Hans e Antonio, por mais bonitas que sejam e por muitos e muitos anos. Não param de pingar sangue.

"MELHORAMENTOS AGORA É ELITE PROFISSIONAL"

Esse é o título de um anúncio publicado no dia 6 de março de 2017, na página A7 da *Folha*.

Quem assina o anúncio é a Elite Profissional Melhoramentos.

Não entendo! A Melhoramentos mudou de nome? Ou é apenas uma linha de papéis voltada para o mercado corporativo e profissional? Ou não é nada disso?

Coloco o título no Google. Zero!

Fizeram um anúncio, despertaram, mais que a atenção, a curiosidade, e esqueceram-se da repercussão, do bater de bumbos, função primordial do digital.

Zero, absolutamente zero.

Entro no site da Melhoramentos. Nada!

Site envelhecido, complicado, lento, difícil – quase impossível – de se ler.

Fico exclusivamente no anúncio.

Vejo uma dessas estantes que se dependura na parede de áreas de serviços, de banheiros, cozinhas, etc. Isso mesmo, aquela que você pega o papel para enxugar as mãos. E aí batizaram ou rebatizaram "o conjunto da obra" de Elite Profissional! Que horror!

Elite em 2017, é pior que xingar a mãe. Porque não Branco, White, Benedito ou Terezinha, qualquer outro "naming" que fosse, mas que agregasse qualidade, valor, novidade ao produto/serviço?

Ou não é nada disso?!

Uma marca de tanta tradição e importantes valores em sua narrativa definitivamente parada nos anos 1960.

Antes de terminar meu comentário, fui conferir os banheiros do MADIAMUNDOMARKETING qual era a marca. Tinha quase certeza ser Melhoramentos. Era e é apenas Melhoramentos. E com a frase "Mãos suavemente secas com duas folhas".

Não é ótimo, mas é bom e digno.

"ELITE", socorro! Quem quer elite a essas alturas do campeonato e da vida?

E ainda ELITE é uma palavra fraca, começa com vogal, o som é débil e o sentido, pior ainda.

Que pena.

5
DESAFIOS, AMEAÇAS, OPORTUNIDADES

As mudanças são de tal ordem que muitos negócios, supostamente consolidados, agora se dão conta de que ou se reinventam ou repaginam para atrair os jovens ou caminharão inexoravelmente para o fim. Dentre esses negócios, os cassinos.

Uma das mais revolucionárias e emblemáticas empresas do território fashion agonizante: a FOREVER 21. Muitos se perguntam, diante de sua crise, se não deveria rebatizar-se FOREVER até 2021.

Na ordem natural das coisas, vida e acontecimentos, empreendedores, por definição, são pessoas jovens. A crise que vivemos mudou essa realidade. Hoje, no Brasil, a faixa etária na qual se registra e em termos relativos a maior concentração é a dos 50 e mais anos. E uma empresa tradicional no negócio de ônibus mudou-se de Caxias (RS) para Três Rios (RJ) nos meses que antecederam a crise. Levando esperança e progresso para a cidade. Menos de três anos depois fechou suas portas deixando para trás duas carcaças de ônibus, três pessoas e um cachorro para cuidar do que sobrou.

Walter Longo pilotando uma das mais difíceis travessias que é reorganizar, reagrupar e reposicionar as diferentes atividades do grupo ABRIL numa organização consistente e única. A 1ª das "22 Leis Consagradas do Marketing" foi revogada pela realidade. Não é mais suficiente ser o primeiro. Tem-se que, e obrigatoriamente, ser o melhor.

E todos acompanhando com redobrada atenção a enxurrada de fintechs que invadiu o mercado, assim como o que de verdade pretendia a CVS ao comprar a ONOFRE em nosso país.

PLANTANDO NOS JOVENS PARA COLHER NOS VELHOS

Quase todos os negócios do mundo correndo atrás dos jovens para tê-los, por muitos anos, e de forma especial, quando envelhecerem. Por enquanto sobrevivem dos velhos de hoje que, felizmente, vivem mais. Mas, se não conseguirem conquistar os jovens, a morte é certa ou, se preferirem, a vida é breve.

O compromisso é com a essência. Com os serviços que prestam. A forma de prestar é irrelevante desde que se consiga encontrá-la. Mas não é fácil. E nem sempre, as novas possibilidades se sustentam economicamente. De qualquer maneira, não existem segundas ou terceiras alternativas. A única é essa mesma para todos. Reinventarem-se sem perder a essência, prolongarem ao máximo a relação com os atuais clientes e, de alguma forma, conseguirem despertar a atenção, interesse, entusiasmo e adesão dos jovens.

Dia desses, Paula Cesarino Costa, a Ombudsman da Folha, com sua habitual coragem e compromisso com a função, comentou sobre o dilema dos jornais. No Brasil e no mundo. Falava sobre as mudanças radicais no *The New York Times*, *El País*, *The Wall Street Journal*, e quase todas as grandes publicações na virada do milênio. Todas, menos as que já jogaram a toalha, se reinventando. Tentando, ao máximo, entender e conversar com os jovens, no, e independente, do papel. Segundo Paula, nos últimos meses "cresceu a pressão por aumento mais rápido da receita digital, dominada por poderosas organizações como Google e Facebook".

Em 10 anos, os jornais que sobreviverem no velho e bom papel terão tiragens pequenas, colaboradores e jornalistas megaqualificados, leitores de 50 e mais anos com raríssimas exceções, custarão mais caro, a receita de circulação será mais importante que a publicitária, e a publicitária praticamente restrita a mensagens institucionais. Mas ainda serão os principias formadores de opinião.

Sobre os automóveis então, apenas dois dados são suficientes para se dar conta do tamanho do desafio e porque a cada dia que passa cresce o sentimento de que carro é coisa de velho. No "shopping list" dos jovens, automóvel caiu da liderança total e absoluta de décadas para a 8ª posição. E nas últimas estatísticas do DETRAN de São Paulo, os "jovens" que decidem tirar carta, o fazem aos 26,1 anos de idade. Décadas atrás, 18 anos e 1 segundo!

Semanas atrás, o *The Economist* falava sobre o desespero dos cassinos. Literalmente ignorados pelos jovens. E ainda vendo seus velhos "mais jovens e tecnológicos" fazendo os jogos pela internet.

No início, Las Vegas era um nada. Quando virou alguma coisa era a capital do jogo e da prostituição nos Estados Unidos. Um dia as mulheres dos jogadores decidiram acompanhar seus maridos e ver o que acontecia por lá e os hotéis-cassinos, um atrás do outro, foram implodidos e reconstruídos para poder acomodar o casal e, mais adiante, os filhos. Jamais, em toda a história do turismo mundial, qualquer outro lugar conseguiu alcançar as receitas e índices de ocupação de Las Vegas. Ocupação nunca inferior a 90%. Hoje fileiras e fileiras de caça níqueis "pedintes" permanecem à espera de alguma senhora caridosa que resolva depositar alguma moedinha...

Em todas as organizações proprietárias de cassinos dezenas de avisos nas paredes: "ou conquistamos os jovens, ou morremos". Ideias redentoras nessa direção serão remuneradas regiamente.

Os números são alarmantes e reveladores. Las Vegas perdeu 20% de sua receita nos últimos 10 anos e Atlantic City 50%. E gradativa e silenciosamente, a idade média dos frequentadores vai se elevando...

Os jovens de hoje são os velhos de amanhã. Sem os velhos de amanhã, os jovens de hoje, quando os velhos de hoje já tiverem partido, nada mais farão que muito de vez em quando recorrer a Wikipédia, Google e, excepcionalmente, a museus para matar a saudade.

E entre os expectantes ansiosos para serem lembrados e acessados no formato atual, cassinos, carros e jornais. A menos que se reinventem a tempo. Quase uma impossibilidade absoluta!

FOREVER 21, OU FOREVER ATÉ 2021?

Nuvens negras nos céus da Coreia do Sul, 1981. Lei Marcial de volta. Já que não conseguiram ressuscitar o ditador militar Park Chung-

-Hee, ressuscitaram a lei. Do Won e Jin Sook decidiram pular fora. Hoje, 45 anos depois, figuram na lista dos bilionários de *Forbes*. 790 lojas em 48 países. Forever 21, ou Forever até 2021?

Chegaram a Los Angeles onde já morava a irmã de Do Won num sábado. Ele com 22 anos, e sua mulher Jin Sook, 25. Do Won comprou um jornal, descartou o editorial e foi direto à página de empregos. Na segunda de manhã já estava empregado na cozinha de uma lanchonete lavando pratos. US$ 3 a hora: "Meu sonho era me mudar de armas, alma e bagagens para os Estados Unidos. Eu sempre pensava, no próximo mês vou, no próximo mês vou e, finalmente, fui. Ou melhor, vim".

Em três anos, o casal economizou US$ 11 mil. Em 1984, abriu uma primeira loja com menos de 100 metros quadrados de área. Fashion 21. 21 do dia da inauguração, 21 de abril. Diferencial de exclusividade, produtos de boa aparência por preços inacreditáveis. Fila nas lojas todos os dias. Anos depois, e apostando na perenidade, rebatizou-se. Saiu Fashion, e entrou Forever. Forever 21. E bem antes do que o casal imaginava, fincou sua bandeira numa loja de nove mil m², em Times Square, no mesmo local onde reinou um dia a falecida Virgin.

Do início de 2017 para cá, a Forever 21 começou a atrasar o pagamento de seus fornecedores. O movimento nas lojas declinou de forma sensível e inesperada.

Nos cadernos de economia dos principais jornais do mundo uma mesma notícia: Forever 21 is in Financial Trouble. No *New York Post*, "atraso nos pagamentos leva Forever 21 a uma decisão surpreendente – fechar duas de suas principais lojas na Califórnia".

Segundo o Wells Fargo Bank, a empresa corre atrás de fundos para suprir seu debilitado caixa. E alguns de seus fornecedores só atendem novos pedidos desde que o anterior seja quitado.

Forever até 2021? Quem sabe, provável. Estressou o modelo. JFF – Junk Fast Fashion. Um modelo absolutamente desconectado com as linhas por onde passará o futuro.

Exauridos e extenuados pela moda das próximas horas, consumidores reconsideram a suposta felicidade do bonito e barato. Voltam a apostar no menos é mais. Que é preferível usar o mesmo dinheiro para comprar menos roupas de maior qualidade; e que, portanto, durem mais.

Se resistir até 2021, a Forever 21 descobrirá, tardiamente, que forçou a barra, que radicalizou em sua política, e que ultrapassou o limite inferior. Que confere honras, glórias e alguma grana no curto prazo, mas não se sustenta mais adiante.

A morte é inerente à vida. Todas as espécies, mais cedo ou mais tarde, todas, sem exceção, um dia partirão. Mas até que não chegue esse dia devem se esmerar na busca de uma impossível perenidade.

No caso das empresas, empresas feitas para durar, e não apenas para um brilhareco de poucos anos ou décadas de vida.

TARDE DEMAIS PARA EMPREENDER?

Bobagem. Sempre é tempo para renascer, reconsiderar, plantar, amar, empreender.

Março de 2017. Ainda em meio à ressaca dos últimos dois anos, curtindo o porre de nossa bebedeira, omissão, preguiça, comodismo, e que levou a essa situação patética e sem o menor sentido em que se encontra o Brasil.

Confiamos, o que Deus ou a natureza nos deu à gestão precária e criminosa de incompetentes e corruptos. E deu no que deu. A maior crise de nossa história.

Ingressamos no novo ano batendo recordes de desemprego. Perspectivas próximas de zero de solução no curto prazo. Mas mesmo assim com esperanças sobreviventes, latentes, inquietas, pulsantes, na busca agônica por alguma luz.

E aí vem a pesquisa do empreendedor individual do SEBRAE e nos anima e reconforta. Mais ainda, nos estimula e nos faz refletir sobre permanecermos parados ou começarmos a nos mexer.

Mais que pesquisa, o SEBRAE apenas tabulou os dados e revelou a fotografia. Mergulhou no universo dos MEIs – Microempreendedores Individuais – e aferiu o que aconteceu de 2011 para cá nos diferentes extratos da população.

Por necessidade ou precisão, a energia empreendedora adormecida, mas não morta e inerente na quase totalidade dos seres humanos, desperta e revela-se. Muito especialmente dentre os que têm maiores compromissos, menos tempo de vida em perspectiva, e vontade natural de ainda construir o que quer que seja no tempo que resta.

Assim, revelada a fotografia, o único dentre todos os extratos de microempreendedores em que se registra crescimento desde 2011, é no de pessoas com 50 ou mais anos.

Antes de partir, e olhando para trás, chegando aos 90, Cora Coralina disse que a juventude começava nos 70... Que passou parte da vida fazendo e vendendo doces cristalizados de caju, abóbora, figo e laranja. Que aprendeu datilografia aos 70 para escrever seu primeiro livro publicado aos 75 anos.

Empreender a partir dos 50 talvez seja a tal da melhor idade.

Mas não importa. O que importa é que por precisão, necessidade, ou energia adormecida percebe-se no horizonte da economia do país, milhões de novas empresas brotando e tendo à sua frente cinquentões ou mais.

A participação dos microempreendedores de 50 anos ou mais em 2011 era de 14,6%. Saltou para 15,5% em 2012, 17,3% em 2013, 17,9% em 2015, e bateria nos 20% em 2017, não fosse semelhante movimento que começa a se manifestar nos demais extratos da população.

Tendo como base a fotografia do SEBRAE, o *Estadão* foi conferir. E colheu depoimentos como os de Celso Guimarães, 65 anos, desempregado depois de 40 anos e que abriu uma franquia de corretora de seguros: "queria uma atividade na minha residência e onde fosse mais usado intelectualmente do que fisicamente".

Ou de Rita Junck, 51 anos, dispensada de um banco em maio de 2015. Começou a comprar e vender produtos, criou uma lojinha em um market-place na internet, e explicou: "Foram 30 anos trabalhando para o sonho dos outros. Agora, tenho o meu próprio negócio e posso ficar mais tempo com a minha filha de 12 anos".

Enfim, pelas circunstâncias, crise, caminhos inadequados, extemporâneos e tortuosos – não importa – o empreendedorismo brota, cresce e viceja dentre nós. E a partir dos mais velhos, ou, se preferirem, menos jovens. 50 e mais anos.

Finalmente o que Assis Valente compôs para Carmem Miranda gravar nos anos 1940, e dela recebeu como resposta "Assis, isso não presta. Você ficou borocoxô", é aquela da tal ideia que Victor Hugo disse e Tom Peters multiplicou. "Nada mais forte do que uma ideia cujo tempo chegou".

A música reabilitada anos depois pelos Novos Baianos é uma espécie de novo Hino Nacional do Brasil. Do Brasil Pandeiro: "Chegou a hora dessa gente bronzeada mostrar seu valor".

Brasil, 50 mais ou menos anos, esquentai vossos pandeiros, iluminai os terreiros, que nós queremos sambar! Empreender! Prosperar!

GALPÕES DA CRISE

Mais adiante, quando a crise conjuntural que devasta a economia brasileira for estancada e o país voltar a crescer, muitas histórias ficarão pelo caminho. Galpões abandonados e decorrentes de entusiasmos desmesurados, que levaram a situações irreversíveis de rendição.

Quarta-feira, 4 de novembro de 2015, a imprensa noticiava que a Marcopolo, com quase 40% do mercado de carrocerias de ônibus do

Brasil, assumia o controle da Neobus. Empresas vizinhas da cidade de Caixas do Sul. Um ano e pouco antes...

Quinta-feira, 27 de março de 2014. A prefeitura de Três Rios (RJ), em seu portal, com entusiasmo e orgulho, anuncia: "A empresa Neobus inaugura aqui sua segunda fábrica no Brasil (a matriz é em Caxias do Sul), nesta quinta-feira (27/03). O evento será realizado a partir das 15h na nova planta da empresa (Km 17 da BR-040), que tem 40 mil m², e contará com a presença do governador Sérgio Cabral e do prefeito de Três Rios, Vinicius Farah...".

A partir daquele momento a Neobus decidira concentrar em Três Rios 100% de sua produção de ônibus urbanos. E confessava-se mais que entusiasmada com a qualidade da mão de obra local. Segundo fontes da Prefeitura, "Eles nos disseram que a mão de obra formada no município foi tão boa que, em três meses de funcionamento, a filial daqui já está produzindo com um grau de excelência acima do esperado. Por isso, resolveram trazer para cá toda a produção dos ônibus urbanos".

E a cidade comemorava. Os 300 novos empregos rapidamente – 12 meses – chegariam a 1.200 e 2.500 em 2016... Três anos depois, jornal *Valor*, último final de semana de abril de 2017:

"TRÊS VIGIAS NO LUGAR DE DOIS MIL FUNCIONÁRIOS NA NEOBUS...".

E no texto, "Dentro do galpão de 20 mil metros quadrados fechados da fabricante de ônibus Neobus em Três Rios, a 130 quilômetros do Rio de Janeiro, há somente quatro carrocerias abandonadas e praticamente nenhum maquinário da antiga linha de montagem que chegou a produzir 15 ônibus por dia... A unidade está fechada desde maio do ano passado... A Neobus chegou ao município em 2014, atraída por uma política de incentivos fiscais e na produção de ônibus escolares para o Rio, Minas e São Paulo. A crise, porém, destruiu as finanças das prefeituras e as vendas não se confirmaram...".

A Neobus investiu R$ 100 milhões na fábrica. No dia do fechamento restavam três pessoas e um cachorro cuidando do que sobrou. Todo o comércio ao redor naufragou junto.

Um restaurante, o Rodo Lanches, construiu um segundo galpão e cozinha apenas para atender a Neobus: "com o fechamento da fábrica esse movimento morreu". Falando sobre a tragédia que se abateu sobre a economia de Três Rios, Paulo de Oliveira Souza, presidente do Sindicato das Indústrias Metalúrgicas local, disse, "Não é a demissão de um funcionário que fazemos, mas de uma família inteira".

Traduzindo o sentimento de seus companheiros, Marina Falcão e Sergio Ruck, que participaram da matéria especial de *Valor*, "O silêncio das fábricas entristece as cidades", Carlos Pietro, conclui, "O dia a dia da crise no mundo real é feito de fábricas fechadas, trabalhadores em casa, sistema de saúde pública lotado, comércio vazio, aumento de violência e prefeituras quebradas... Da gigante Usiminas em Cubatão, passando pela Neobus em Três Rios até as pequenas moveleiras de Ubá, nada dá sinais que as máquinas serão ligadas. As fábricas devem continuar caladas por algum tempo ainda...".

Qualquer planejamento minimamente competente começa pela análise do ambiente. O tal do PEST – Político, Econômico, Social e Tecnológico –, para depois concentrar-se no mercado. E o P de Político vem em primeiro lugar não por acaso.

Enquanto não eliminarmos a toxidade, a corrupção, e a insegurança total e absoluta no ambiente político, qualquer novo investimento é arriscado e temerário.

Assim, e de verdade, é pela reforma política que se começa a reconstrução do Brasil.

O DESAFIO DO WALTER É LONGO

Longo e descomunal.

Torço pelo Walter. Aposto no Walter. Mas não deixo de rezar todas as noites por ele. Não desejaria ao maior de meus inimigos – felizmente não tenho nenhum, espero e imagino – desafio semelhante ao que Walter Longo decidiu aceitar.

Comandar um grupo paquidérmico, em seu pior momento, enfrentando a mais grave crise de toda a sua história no tocante a sua vitrine – publicação de revistas – que mesmo que eventualmente não lhe tenha conferido fortuna foi essencial para; mas lhe garantiu fama.

De uns anos para cá, o Grupo Abril vem perdendo seu brilho. A morte de seu mentor principal, Roberto Civita, não se inclui no rol dos principais motivos, mas foi suficiente para aumentar a tensão e crise em seu comando. Cabeças rolaram sucessivamente.

Nos últimos anos desfez-se de mais de 30 publicações de sucesso no passado e, de certa forma, resiste, editorialmente, com seus primeiros títulos dos tempos do fundador Victor Civita: *Veja, Exame, Claudia, Nova* e *Quatro Rodas*. Todas cinquentonas, ou quase.

Walter tem sido um dos apóstolos da modernidade. Tem uma visão consistente sobre a direção a seguir diante da inevitabilidade de um admirável mundo novo, plano, líquido e colaborativo. Mas, seguramente hoje, passa boa parte de seu tempo cuidando dos problemas de décadas passadas, de assuntos e temas que não deveriam merecer um único segundo de sua atenção, convivendo com milênios e boomers, e com duas ou três camadas de cultura organizacional absolutamente impossível de se somarem; sinergia zero.

Mesmo assim, vai, nos poucos momentos que sobram, revelando seu estilo, implementando suas crenças e visão de negócio.

E dentre todas as novas iniciativas da Abril ganha destaque neste momento sua inserção escancarada em diferentes etapas do fluxo comercial de importantes empresas, muito especialmente no fulfillment, logística e distribuição, lastreada no desafio que enfrentou e venceu no correr de décadas para fazer suas revistas chegarem aos domicílios de seus milhões de assinantes.

Assim, e desde o mês de junho de 2016, e talvez marco inicial da gestão Walter Longo, a junção de todas as forças e competências do grupo na Total Express, com a integração da DINAP e da Treelog. Sob o comando do CEO Claudio Prado, oferecendo, segundo ele, e a todo o mercado, "uma solução rápida e confiável".

A Total Express nasceu com uma capacidade de processar 350 mil encomendas/dia e com uma carteira de 750 empresas. Sua força tarefa envolve 5.300 veículos, 600 rotas semanais aéreas e terrestres, cobre 24 mil pontos de venda e cobre 49 milhões de domicílios. Em termos de logística e cobertura, talvez só perca hoje para o Martins.

E, pegando carona nessa megaestrutura de logística e distribuição, a Abril avançou um elo a mais na cadeia e criou a Gobox. Empresa que "desenvolve, promove, vende e entrega múltiplos produtos pelo sistema de clube de assinaturas".

Sucesso, Walter.

Não vai ser fácil. Mas já que você topou não lhe resta alternativa que não seja dar certo. Mais ou menos como nos ensinou Jean Cocteau, "como não sabia que era impossível foi lá e fez".

No fundo, e tendo acompanhado sua trajetória, algumas vezes mais de perto, outras vezes a considerável distância, arrisco-me a dizer que o Walter Longo se preparou a vida inteira para um desafio dessa dimensão.

E, tenho certeza, se preparou muito bem.

REVOGADA A 1ª LEI...

A 1ª das "22 Leis Consagradas do Marketing", foi revogada, perdeu o sentido, envelheceu, caducou. Não para em pé! Faz parte de um mundo velho que ficou estacionada em meados dos anos 1990...

Os livros *Posicionamento* e *Marketing de Guerra* são da dupla mais que consagrada Al Ries e Jack Trout. No original, o título do livro mais radical ainda: *The 22 Immutable*... Ou seja, na cabeça dos autores e na realidade da época, pré-digital, tratava-se de leis "Imutáveis". Como se possível fosse existirem imutabilidades no mundo...

Responsável pela revisão técnica do livro, eu optei por atenuar a palavra e troquei "imutáveis" por "consagradas". O tempo demonstrou que estava mais próximo da verdade, mas e também, diante da realidade dos dias de hoje, equivocado. Nada mais é imutável e nem mesmo consagrado no mundo líquido. Tudo está sendo questionado e desafiado a cada novo dia. Apenas isso!

A 1ª das supostamente imutáveis leis dizia o seguinte: "1ª Lei da Liderança – É melhor ser o primeiro do que ser o melhor". E para demonstrar e comprovar sua tese os autores relacionavam uma série de questionamentos e exemplos.

"Qual o nome da primeira pessoa a atravessar o Atlântico em voo solo? Charles Lindbergh, certo?" E, emendavam, "qual é o nome da segunda pessoa a atravessar o Atlântico em voo solo? Não é tão fácil responder...". A segunda pessoa foi Bert Hinkler, que era um piloto muito melhor que Lindbergh, e ninguém tem a mais pálida ideia sobre sua existência.

Mais adiante complementavam, "a lei da liderança também se aplica a revistas. É por isso que *Time* está na frente de *Newsweek*, a *People* à frente da *US* e a *Playboy* à frente de *Penthouse*...". Hoje todos sabemos o que aconteceu com essas revistas...

E tudo continuaria assim não fosse a ruptura, o buraco no meio, provocado e determinado pelo tsunami tecnológico.

Hoje a nova redação da 1ª das leis de Ries e Trout, devidamente reescrita e atualizada, é exatamente o contrário do que dizia antes da internet. Em vez de "É melhor ser o primeiro do que ser o melhor", hoje, "É melhor, sempre, ser o melhor, do que ser o primeiro".

Em quase todas as categorias da chamada nova economia, do admirável mundo novo, nenhum dos atuais líderes foi o primeiro, muito menos o segundo e nem mesmo o terceiro.

O Google foi o buscador de número 16. Mas, de longe foi o melhor. O "Feice" a 9ª rede social. E ao contrário do que afirmavam e exemplificavam os autores, quase ninguém mais se lembra qual foi a primeira rede social e muito menos o primeiro buscador.

E como nós, consumidores modernos, não nos amarramos eternamente aos pioneiros nem por um cacete – trocamos no dia seguinte e ainda damos cordiais e até emocionados tchaus –, ou os pioneiros se preservam melhores, ou vão engrossar o cemitério dos produtos revolucionários e inovadores que negligenciaram na atualização.

Que perderam sustentabilidade, vigor, respeito, razão de ser. Ainda que se lembrem deles com afeto e reconhecimento, mas saudade, na prática, ZERO!

Isso posto, amigos, hoje, 24 anos depois do lançamento do livro, reescreva a 1ª das leis supostamente imutáveis do marketing, ficaria mais ou menos assim, "Sempre que puder seja o primeiro, mas em qualquer circunstância e sempre seja o melhor".

A única certeza de ser e preservar-se líder em qualquer categoria de produtos ou serviços é ser, no reconhecimento da galera, dos clientes, indiscutivelmente e sobre todos os aspectos, o melhor.

NUBANK A NU

Primeira grande matéria sobre a fintech sensação no Brasil, o Nubank.

Com a matéria, a perda da maior Virtude da Instituição, segundo o Megagrupo de Investidores por trás da iniciativa: "David Vélez, CEO, 35 anos, tem ego baixo e ambição alta, a melhor combinação possível para empreendedor". O ego baixo foi para o espaço depois de ser capa de *Época Negócios*.

Li toda a matéria. Realmente um movimento consistente, equipe aguerrida e de infinita energia e absoluta determinação. Condições necessárias, mas insuficientes. Ainda estamos diante de uma empresa à cata de um posicionamento.

Tinha uma sensação, faro inicial, de que caminho seguir e, incapaz de definir e delimitar, para não perder oportunidade e tempo, decidiu decolar. Conclusão, terá de fazer recorrentes revisões estratégicas na tentativa de encontrar algum prumo.

Mas não será fácil. E os entusiasmados investidores, Sequoia, Tiger Global, Kaszek, Founders, Qed e Nicolas Berggruen terão de colocar várias e várias vezes a mão nos bolsos e aportar mais e mais recursos. Mas o farão, felizes e seguros, pela confiança que têm no comando.

O momento do estalo, ou epifania, nas palavras de David, aquele que quer defenestrar a época dos Golias: "Tive aquela experiência de entrar em uma agência bancária, ser revistado quase cómo criminoso, esperar uma eternidade para falar com um gerente, para descobrir que só conseguiria abrir a conta seis meses depois. E o pior, a central de atendimento não resolvia o meu problema... foi quando caiu a ficha, para que tanta burocracia se vocês pagam as maiores taxas bancárias do mundo?".

Essa pergunta, mais cedo ou mais tarde todos nós brasileiros vamos fazer...

Além de David, dois outros sócios pilotando, vestidos, ainda que de forma descontraída e coloquial, o Nubank. Cristina Junqueira, 34, ex-Booz Allen, Boston Consulting Group e Itaú. Diz ao trio de jornalistas que fez a matéria, Darcio Oliveira, Dubes Sônego e Barbara Bigarelli, "Pedi demissão no dia em que recebi o maior bônus da minha carreira. Meu chefe não acreditou, mas eu senti que já não estava fazendo a diferença por lá...".

Deu pra entender o que move essa galerinha? Sentido, propósito, felicidade. Grana, com o tempo: em existindo propósito, fazendo sentido e sendo-se feliz, mais cedo ou mais tarde chega.

E ainda Ed, Edward Wible, 33 anos, computação por Princeton, e que cruzara com David em Buenos Aires no ano de 2010. Ao se reencontrarem, David falou sobre o Nubank e da necessidade de um craque na plataforma tecnológica. Ed levou 24 horas para aceitar.

O Nubank também poderia se chamar 33, 34, 35, um não banco onde seu comando, growing up digital, ainda não chegou nos 40. Talvez carecendo de alguns cabeças brancas para encurtar caminho com menores riscos e maior rapidez. Mas uma iniciativa para se valorizar, admirar, reverenciar, e, acima de tudo, torcer. E é o que pretendo fazer.

Mas a inexistência exuberante de uma visão estratégica pode ser fatal.

ATÉ HOJE NINGUÉM ENTENDEU O QUE A CVS VEIO FAZER NO BRASIL

6 de fevereiro de 2013. Notícia confirmada. CVS, a maior rede de drugstores dos Estados Unidos, compra uma pequena rede de farmácias no Brasil, a Onofre.

Aí vieram as notas para a imprensa, que não diziam absolutamente nada, mas sugeriam que a megaorganização que jamais enveredou para fora do território americano tinha decidido mergulhar de cabeça no próspero negócio de farmácias em nosso país.

Na época, um grupo de US$ 120 bilhões de faturamento. Hoje, US$ 160 bilhões, com 7.400 unidades cobrindo todo o território americano, e dentro da filosofia: jamais permanecer distante mais que 10 quilômetros de qualquer cidadão americano.

Um gigante descomunal comprando um simpático anão. Onofre por R$ 600 milhões. 7.400 unidades contra 44 da Onofre.

Desde então, todas as semanas, a expectativa que a CVS vá anunciar alguma grande aquisição, e compatível com seu porte. Uma Raia Drogasil, por exemplo, e só a título de exemplo, mas nada acontece.

Meses atrás, em *IstoÉ Dinheiro*, Carlos Sambrana entrevista Elisangela Kioko, diretora-geral da rede. E na abertura, uma retrospectiva sobre os últimos acontecimentos:

"Até hoje o valor da compra continua sendo questionado numa corte de arbitragem entre a CVS e a família Arede" – os americanos exigem uma revisão no valor alegando que foram enganados, que compraram gato por lebre.

A nova Onofre chegou a ter 47 lojas. Hoje reduziram-se a 37, e a maioria foi repaginada. E assim, a pergunta continua e cresce, o que a CVS veio fazer no Brasil?

Sobre a estratégia da empresa por aqui, no pressuposto que sem novas aquisições terá de crescer organicamente, Elisangela explica:

"Viemos num movimento de renovação dos ativos. Para ter um negócio sadio, ou você renova ou você abre e fecha loja. No ano passado, 2016, divulgamos o fechamento de algumas lojas por conta da reestruturação. Fechamos 12 lojas, abrimos oito e renovamos 11. Nossa estratégia hoje não é ter uma loja em cada esquina. Precisamos ter poucas e boas lojas. Tem uma loja que abrimos no Barrashopping no Rio com 450m². Equivale a três de 150m²."

E nada mais disse e nem lhe foi perguntado.

Não vai dar certo. A gigantesca CVS nos Estados Unidos é um anão modernoso na paisagem de algumas cidades do Brasil.

Absolutamente impossível você fazer parte de uma organização com cultura mega, com pulverização de pontos de venda, com cobertura nacional, e permanecer posando de butique.

A Onofre será vendida nos próximos anos.

Ou a CVS vem para o Brasil de verdade.

6
COISAS DO BRASIL

Nos últimos anos, com muito sacrifício e dor, temos constatado as principais causas dos problemas que afligem o Brasil, e nos levam juntos. Em primeiríssimo lugar a incompetência. E na sequência, e como triste e tóxico aditivo, a corrupção. Mais que na hora de darmos um basta no que nos atormenta há 517... 518 anos.

A sociedade e o mundo compartilhado – traço marcante e essencial de como nos organizaremos daqui para frente –, manifestou-se de forma exuberante e definitiva no Carnaval. Nos últimos anos menos pessoas na Avenida, e as Ruas abarrotadas de Blocos. A Sharing Folia.

Quando investidores anjos de verdade apostam em empresários competentes, as chances de sucesso multiplicam-se. E assim nasce a parceria dos sócios do Boticário com os sócios da Cia Tradicional. E ingressamos em 2018, imaginando se seremos capazes de repetir a façanha da França – renovação radical – e não nos referenciarmos na marcha a ré dos Estados Unidos.

Volney Faustini, finalmente, oferece uma primeira e consistente classificação das gerações brasileiras. O Outback Brasil converte-se em referência mundial. E a Outlet Lingerie ensina como tratar com inteligência e dignidade produtos sobras de coleções e com pequenos e imperceptíveis defeitos.

E ainda um "case" genuinamente brasileiro da legendária Zica Assis com sua Beleza Natural.

A DIMENSÃO DO ESTRAGO

Um macaco louco e drogado numa loja de cristais provoca menos estragos que um incompetente no comando. Foi isso, mais ou menos isso, que aconteceu com o Brasil nas gestões DVR, e no segundo mandato de LILS. Vocês sabem de quem estou falando. Por favor, me poupem do sacrífico e do constrangimento em ter de escrever o nome por inteiro desses irresponsáveis.

O desastrado no comando leva o navio para onde quiser. Muito especialmente se tem em seu séquito um time meia boca de oportunistas e igualmente incompetentes e desastrados. Muitos, absolutamente, amorais. E assim o navio Brasil foi jogado contra as ondas e a correnteza por pessoas que estupidamente acreditavam poder tudo. E deu no que deu.

No meio das intempéries e dos balanços, uma empresa com mais de 60 anos de história e referência em seu território de atuação.

"Fundada em 1952, pelo romeno José Nacht, a Mills começa a importar tubos e demais equipamentos tubulares da Echafaudages Tubulaires Mills. É o início da Mills, pioneira em andaimes tubulares e escoramento de aço no Brasil. Na época, os andaimes usados no país eram feitos em madeira, o que resultava em desmatamento e falta de segurança aos trabalhadores. No mesmo ano de sua fundação, a Mills fecha a sua primeira grande obra: a cúpula da Catedral da Sé, em São Paulo...". Assim começa a história da Mills em seu portal na internet.

Corta agora para a revista *Dinheiro* de número 984, 14 de setembro de 2016, em que Cristian Nacht, presidente do conselho de administração da empresa fundada por seu pai, concede entrevista para Eduardo Valim: "Levamos meio século para chegar a um valor de mercado de R$ 150 milhões, e apenas 8 meses para subir para R$ 3,5 bilhões".

Desde o início, a Mills pontificou pela sua competência em suprir as principais empreiteiras e construtoras do país com seus equipamentos. Era, e ainda é, uma referência no mercado imobiliário. Suas máquinas prestaram serviços em 10 dos 12 estádios da Copa de 2014.

Fornecedores fornecem. Se os fornecidos crescem e prosperam, os fornecedores "surfam" na onda. Não deveria ser assim, deveriam ser mais cautelosos, mas a tentação é grande e resistir, praticamente impossível. E como dizer não a um parceiro de sempre e de todas as horas? E assim a Mills mergulhou na "onda bolha de prosperidade", produzida à custa da irresponsabilidade fiscal e de um plano de tomada do poder.

Na matéria, Cristian Nacht descreve aquele momento: "Era uma montanha-russa que só subia e subia... até que chegou a hora da queda".

Desde 2015, a família luta para salvar a empresa. Com o cancelamento ou a suspensão das obras, os equipamentos alugados pela Mills começaram a ser devolvidos. São mais de 6 mil máquinas pesando 120 mil toneladas que, paradas, deixaram de produzir receita, gerando despesas. Tomas Nacht, filho de Cristian, descreve os cenários que imaginaram: "Fazíamos análises com cenários bom, realista, ruim, péssimo e terrível. O resultado veio pior que a previsão terrível".

A crise será superada. Com a contribuição de todos os cidadãos, construiremos um NOVO BRASIL. Mas sério, profissional, consistente e responsável. E, seguramente, a Mills reencontrará seu melhor caminho. Ainda que para se salvar tenha tido que sacrificar, como diz Cristian, todas as gorduras, depois a carne, e talvez parte dos ossos. O time de 10 diretores foi reduzido a 5, vendeu sua unidade industrial, demitiu mais de 800 pessoas, e substituiu parte da equipe de executivos por profissionais com perfil mais adequado a chuvas, trovoadas, tempestades e vendavais.

A Mills é apenas uma. Uma de milhares. Que por não estar na linha de frente e por honrar os serviços e as parcerias com seus clientes mergulhou junto no abismo. E que agora, com coragem e generosidade, compartilha com todas as demais empresas sua trágica experiência. Cristian finaliza a entrevista afirmando, "A crise serviu, pelo menos, para eu ser menos arrogante, e não achar que nasci para ser bem-sucedido".

Que a lição sirva para todos nós. Que é insuficiente ser um país abençoado por Deus e bonito por natureza. Assim continuará se não formos capazes de transformar esse extraordinário ponto de partida e potencial, num país de verdade. Muito especialmente, se não tivermos discernimento e sensibilidade para confiá-lo a mãos hábeis, capazes e honestas.

SHARING FOLIA

Há 31 anos, 1987, Chico Buarque de Holanda lançava um de seus mais aguardados discos: FRANCISCO. E nele, uma dentre suas mais bonitas canções, em parceria com Cristovão Bastos: "Todo Sentimento".

Era um "tempo de delicadeza", em que as pessoas seguiam encantadas ao lado das pessoas que amavam. E era mais que suficiente.

La La Land, talvez seja o filme mais festejado e premiado do ano de 2017. Em meu modo de ver, de forma precipitada e desmedida.

Na aparência, um filme romântico, no "ranking" dos musicais uma colocação média, e bem abaixo de três dezenas dos consagrados e realizados nos anos 1950 e 1960. E até mesmo de Moulin Rouge, lançado oficialmente no Brasil no dia 24 de agosto de 2001, de Baz Luhrmann e protagonizado por Nicole Kidman. Talvez, o último grande musical da história.

Mas, voltando ao La La Land, no final cada um segue seu caminho em busca da realização individual e pessoal. Se circunstancialmente os caminhos se cruzarem tudo bem, caso contrário, segue o fluxo. Zero de tempos de delicadeza, em que pessoas não diziam nada e seguiam como encantadas ao lado das pessoas que amavam.

Prefiro os tempos de hoje. De qualquer maneira, nos tempos de delicadeza, a galera conformava-se em assistir, ver, admirar e brincar de dar notas.

Colada na TV e esparramada no sofá, conferia os desfiles das Escolas pela Globo, eventualmente indo brincar e dançar em algum baile de Carnaval ou pagando por um abadá para poder seguir um Crocodilo ou Eva protegido pelas cordas e distante da pipoca.

E aí chega a internet, as redes sociais, um novo tipo de convivência e participação, e ninguém mais quer ficar vendo pela TV e continuar na cômoda e entediante situação de expectador.

Quer participar, dançar, aderir, protagonizar. A plateia, tal como a conhecemos um dia, esvazia-se; e o palco, abarrota.

Sharing Folia. É o nome do jogo. Mais um dos infinitos derivativos do Sharing World e da Sharing Economy. Todos participando mediante compartilhamento. Numa mesma vibe, no mesmo nível, solidariamente e aos milhares, quem sabe milhões.

E aí vem a vazante do ontem, do tradicional, do protocolar. Camarotes vips da avenida perdem seus principais patrocinadores. Blocos não contam mais com o endosso das empresas e não conseguem se sustentar exclusivamente da receita de venda dos abadás.

A justificativa natural é colocar a culpa na crise conjuntural, a econômica. E não se considera a estrutural, a de mudança radical e definitiva do comportamento das pessoas.

Isso posto, agora, faltam ruas, faltam avenidas, sobram camarotes.

Os velhos e tradicionais blocos, dentro de um mundo de ressurgimentos, reaparecem com força, energia, gás e magneto. Brotam, crescem e prosperam aos borbotões e em tempo recorde.

Na Sharing Folia, dentro da Sharing Economy, todos se alistam nos blocos. Em vez de patrocinar o esvaziado Camarote da Boa na Sapucaí, a Antarctica decidiu usar o mesmo dinheiro para patrocinar 386 Blocos de Rua no Estado do Rio e 82 no Distrito Federal.

O que aconteceu em 2017 na cidade de São Paulo ninguém foi capaz de prever: de 300 e poucos blocos de 2016, as principais ruas da cidade foram "entupidas" por 495 blocos, 63% a mais.

Ou, três milhões de pessoas – um milhão a mais que no ano passado.

Depois de se reencontrarem ou conhecerem nas redes sociais, as pessoas querem se conhecer e se tocar ao vivo e em cores no velho, bom e verdadeiro analógico – o tal do mundo real. Pessoas de todas as cores, matizes e derivativos.

Em tempos de New Normal, finalmente, a Sharing Folia.

Todos protagonizam, todos celebram, todos confraternizam. A plateia apoderou-se do palco; a plateia empoderou-se no palco. A pipoca saltou as cordas. Allah-La-ô, ô ô ô ô ô, mas que calor, ô ô ô ô ô ô...

FELIZES PARA SEMPRE?

Se Miguel, Miguel Krigsner, e Artur, Artur Grynbaum, repetirem seu retrospecto e histórico de O Boticário – uma marca legendária – certamente serão felizes para sempre com a antiga galerinha da Cia. Tradicional, hoje, senhores e bem-sucedidos empresários.

Noivo e noiva, ou noiva e noivo olham na mesma direção, acreditam nos mesmos princípios e consideram os mesmos prazos. Vai dar certo!

No início eram cinco; hoje, seis. Conheceram-se, parte deles, nos tempos de Unilever. No chope do sábado, olhavam para frente e viam uma aposentadoria e, eventualmente, um relógio de reconhecimento no final de 35 anos, ou sessenta e pouco de idade. Um tédio.

Se fosse hoje, então, muito pior.

Todos ao redor dos 30 anos decidiram dar vida ao boteco que descreviam recorrentemente entre um assunto e outro; nos bares que frequentavam poucos anos antes da virada do milênio.

Em 1996, nasce o Bar Original. Em poucos meses, deixam o emprego, abandonam o "by the book" da Unilever, e apostam na receita da Cia. Tradicional, fosse qual fosse o estabelecimento: narrativa, petiscos gostosos, garçons camaradas, ambientes referenciados na releitura de clássicos.

Lugares onde sempre se voltasse e que as pessoas não tivessem vontade de ir embora. Deu no que deu. Mais que ter uma ótima e vencedora receita, sabiam como colocá-la em pé.

Vinte e um anos depois são 30 casas, oito marcas consagradas e passíveis de multiplicação – ORIGINAL, Pirajá, Pizzaria Bráz, Bráz Trattoria, Astor, Subastor, Lanchonete da Cidade e ICI Brasserie –1.400 funcionários, e 300 mil clientes atendidos todos os meses.

E o nascimento de uma nova casa e uma nova marca: Bráz Elettrica, pizzas com massa de longa fermentação, coberturas não convencionais, a tal da newpizza para os "novos normais", referenciando-se na pizzaria cool da cidade de Nova York, o Roberta's.

Falando a Delmo Moreira de *GQ Brasil*, os sócios mais Anthony Falco que assinará o cardápio explicam a 9ª marca e a casa de número 31:

> "A Elettrica tem como phocus essencial o público mais jovem, descontraído e com menos dinheiro – seguindo a cara hipster do Roberta's. As pizzas serão assadas em forno elétrico, da fábrica napolitana Izzo, e levam exatos noventa segundos para ficarem prontas. Massas adequadas para se dobrar e comer com as mãos...".

Isso posto, temos todos muito a comemorar.

Diferente do que aconteceu com muitas das marcas emblemáticas e legendárias construídas em nosso país nas últimas décadas, que foram compradas e detonadas por investidores truculentos e de olhos vermelhos, é como se Edgar, Ricardo, Sergio, Mario, Fernando e André ganhassem mais dois novos amigos.

Circunstancialmente investidores e agora sócios, mas com uma trajetória semelhante a deles, e que entendem o valor inestimável que tem uma marca.

Que sabem, porque o fizeram, o que é praticar-se um branding de excepcional qualidade. Seus novos amigos, Miguel e Artur.

Repito, vai dar certo.

PS. Se você pretende abrir um negócio e ser tão bem-sucedido como os "meninos", tenha sempre como essência "uma boa história para contar".

A tal da Brand Narrative... É o traço comum presente em tudo o que fizeram e em todas as demais iniciativas que, certamente, virão.

WHO? WHAT? WHERE? WHEN?

Now!

Essa é a pergunta que não quer calar. O mundo político disruptou. Esse sim, disruptou de verdade. Nas diferentes partes do mundo.

E, de repente, deu Trump. E quase todos acreditavam, sem muita animação, que Hillary era pule de 10. Não foi. Trump e seu Twitter. O "maluco e topetudo" fez o passarinho voltar a cantar.

Emmanuel Macron era um ilustre desconhecido, mundialmente; razoavelmente conhecido, localmente; e absurdamente jovem, 39 anos. Para muitos, mais famoso por caminhar com uma "senhora" ao seu lado – sua mulher, 24 anos mais velha, e que fora sua professora. A sua Brigitte. Brigitte Trogneux, 63.

Em menos de 24 meses, de quase desconhecido a novo presidente da França, massacrando todos os demais adversários.

Menos de um mês depois, seu partido A República em Marcha, ainda cheirando a tinta e com pouco mais de um ano de existência, opera um massacre ainda maior. Das 577 cadeiras da Assembleia Nacional da França, conquista 355.

O velho Brasil agoniza. Tomara. Deve. Precisa. Existe o risco de recaída? Não, definitivamente não existe. Vivemos o ressurgimento. O quarto ambiente – este, o primeiro criado pelo homem, a digisfera – finalmente, começa a revelar o tsunami que está produzindo na biosfera.

Enquanto os políticos tentam se salvar das bandalheiras das últimas três décadas, o mundo gira e a Lusitana roda. Leva dentro a mudança. Dentro e fora. E não há quem impeça sua marcha.

Em 15 meses, elegeremos o primeiro presidente da república do novíssimo Brasil. Quem será? Mínima ideia. Talvez o João Doria? Pode ser. Mas meio desgastado, combalido, uniformizado, datado. "Mes félicitations au Président Macron por sa victoire!", manifestou-se. Ele, João, 59, para Emmanuel, 39.

Talvez, tenha passado seu tempo? Ou não!

Já nos Estados Unidos, os formadores de opinião se movimentam.

Enquanto Trump não se destrói pelo festival de impropriedades e estultices – chegará lá – tudo o que mais os preocupa são as eleições de 2020. Reeleger Trump nem por meio cacete.

Democratas olham para seus quadros e só veem ela, Hillary. Definitivamente não vai dar pé. De novo? E se não ela, quem? Não tem.

Correm para o ambiente corporativo. Se for homem, Howard Schultz, Mr. Starbucks; ou Mark Cuban, proprietário do Dallas Maverick e celebridade no Shark Tank; ou, ainda, Bob Iger, CEO da Disney.

Se mulher, por enquanto, Ophrah Winfrey. É o que nos aponta, numa primeira rodada, a revista *Fast Company*.

De certa forma, em diferentes lugares do mundo, diferentes pessoas chegaram a uma mesma e única conclusão. Anunciada ao mundo décadas atrás por Charles de Gaulle: "A política é um assunto sério demais para ser confiada aos políticos". Ao menos, para os políticos do mundo velho.

E enquanto não construirmos uma nova classe política, e como estepes, profissionais e empresários competentes, íntegros, consagrados. Definitivamente nem o mais sensível dos humanos é capaz de imaginar o Brasil de amanhã. 2050, não, 2020. O Brasil e o mundo. As infinitas mudanças originárias e decorrentes do microchip 4004 da Intel de 1971, adensam-se e aceleram-se. E é com esse espírito e perspectiva que devemos encarar nossos desafios, brasileiros, até o final desta década.

Se sustentando na pinguela, como recomendou FHC; se necessário, nadando; mas sem considerar por uma única fração de segundo recorrer a velhas e lamentáveis soluções que nos trouxeram mal e precariamente até aqui, mas que não nos levarão a lugar outro que não seja à destruição total.

É tudo o que consigo ver. E basta. Não necessário e insuficiente, mas o que temos para hoje. Como Elvis traduziu e cantou no Sole Mio, "It´s Now or Never". Tô dentro!

CONTRIBUIÇÃO INESTIMÁVEL DE VOLNEY FAUSTINI

Volney Faustini dedicou parte de sua vida a tentar entender o que, de verdade, somos. Até ontem, universalizava-se, equivocadamente, as dezenas de gerações nos 516 anos da história do Brasil, e virávamos baby-boomers, grown up digital, a, b, c, d, x, y, z... Volney não se conformava.

Como homogeneizar histórias, traços, origens, caminhos, sentimentos, absoluta e irreversivelmente diferentes. Assim, e agora, começa a revelar uma primeira fotografia de seus estudos, pesquisas, descobertas, constatações. E nos possibilita, finalmente, nos enxergar com nossos próprios olhos.

Parabéns pela contribuição mais que inestimável e da qual todos estávamos muito ansiosos esperando. E permanecemos na expectativa de todos os resultados no livro que Volney prometeu para breve. Forte e emocionado abraço, querido amigo. Madia. Ps.: eu tinha certeza que era "revolucionário"!

"Que País é Este?"

Você que é brasileiro pertence a uma geração específica. Tem a ver quando você nasceu e como era o Brasil da sua infância e juventude.

Como acontece em todas as sociedades, o Brasil muda ao longo dos anos. Hoje, como bem sabemos, nosso país está bem diferente daquele de sua época de criança.

Enquanto crescíamos, éramos influenciados pelos mais velhos (gerações antecessoras) e pelo que acontecia ao nosso redor. Cada grupo geracional conviveu e foi impactado, em maior ou menor grau, pelo espírito de sua época.

Como você pensa, age, e reage hoje, é em boa parte fruto disso. E o jeito, a forma e as características que trazemos conosco têm em comum o grupo do qual fazemos parte. Como geração, identificamos e descobrimos como somos muito semelhantes. São traços genéricos e constituições pelas quais vemos o mundo, acreditamos nele, reagimos a ele, nos preocupamos com o hoje e com o amanhã. Independente de partido político ou tendência ideológica que abraçamos, temos algo muito forte que nos faz sermos da mesma geração.

O Brasil tem as suas gerações. Os Estados Unidos também têm as suas gerações e já descobriram quais são elas, deram nomes a elas, e as discutem há um bom tempo. Quais são as nossas gerações e como elas se constituem?

Veja no quadro as divisões por geração. Veja a qual você pertence. E vamos conversar um pouco a respeito de cada uma delas. É mais um exercício para entendermos a nós mesmos e ao nosso país. Vamos rememorar o que nos impactou quando crianças e jovens, e como reagimos ao mundo ao redor à medida que atingíamos a idade adulta. Como fomos educados, como educamos nossos filhos, e como eles educam ou educarão nossos netos."

A CONTRIBUIÇÃO DE VOLNEY FAUSTINI

Geração	Anos de nascimento	Idade hoje	População (2016) em mil
Modernidade	1905 – 1927	De 89+	722,7
Revolucionários	1928 – 1947	De 69 a 88	11.063,7
Bossa nova	1948 – 1966	De 50 a 68	35.139,9
Caras pintadas	1967 – 1984	De 32 a 49	54.056,3
Globalizados	1985 – 2006	De 10 a 31	74.932,0
Colaborativa	2007 +	Até 09	30.085,5

O MODELO OUTBACK DO BRASIL

Diferente do que acontece em outras partes do mundo, o modelo OUTBACK tem cara de franquia, tem estilo de franquia, tem regras próximas de franquia, mas é, na verdade, sociedade.

Na tradicional e muito lida seção de *Exame* – Como fazer –, o tema desta quinzena é o Outback, e com o título "Sócios com a mão na massa".

Não obstante a crise, o Outback não faz outra coisa que não seja crescer. E tem uma performance, índice, grau de satisfação rigorosamente semelhante a Operação Lava Jato. Noventa e seis por cento dos brasileiros aprovam a Lava Jato. Noventa e seis por cento dos frequentadores do Outback declaram-se muito satisfeitos com o atendimento que recebem.

Mas qual é o segredo? Não ter franqueados, e sim sócios. Seleção complicada, difícil, demorada, extenuante. Mas os resultados mais que inspiradores e espetaculares.

De 2013 para cá, a rede Outback dobrou de tamanho. Dos atuais 83 restaurantes 43 foram inaugurados em meio a terrível tempestade que se abateu na economia do país.

Mais ainda, antes de olhar para fora, Salim Maroun e seus comandados olham para dentro. Cinquenta e cinco dos 83 sócios começaram na rede como garçons ou cozinheiros.

Não podia dar errado, cultura que nasce, brota e se fortalece de dentro para fora e permanentemente. DNA de excepcional qualidade. Perspectivas futuras brilhantes.

Sucesso mais que merecido.

PS #1. Publiquei este comentário no Facebook, e o grande mestre do franchise no Brasil, Marcelo Cherto, com toda a razão, ponderou que poderia levar as pessoas a uma conclusão diferente do que penso sobre o franchise. Marcelo disse: "Sua avaliação pode induzir pessoas em erro. O modelo Outback só funciona em negócios com faturamento muito elevado, como é o caso do Outback. Não é aplicável a qualquer negócio".

E respondi ao Marcelo, corrigindo eventuais impressões equivocadas sobre o meu sentimento:

> "De verdade, Marcelo, acabei passando a impressão de que faço algum tipo de restrição ao franchise. Não só não faço como tenho afirmado repetidas e reiteradas vezes que o franchise, desde sua chegada em nosso país, tem sido o principal e melhor laboratório na formação e multiplicação de empresários. Que, em verdade, é tudo de que o Brasil precisa. De verdade, mesmo, não tenho nenhum apreço por qualquer formatação legal do que quer que seja. O que vale, prevalece, produz resultados e dá certo é o verdadeiro e decisivo comprometimento de todos. O engajamento à causa. Se franchise, sociedade, partnership, fio do bigode, o que quer que seja, o fundamental é existir motivação, engajamento, unidade de pensamento e ação, e busca permanente pelo mesmo sonho. Tudo o mais, em meu entendimento, é decorrência. Existem alguns formatos legais mais adequados para determinados tipos de negócios, e outros para outros e assim sucessivamente. Mas formato legal não ganha jogo. O que ganha é bola na rede. E bola na rede recorrentemente é fruto de comunhão de pensamento e ação. É o comprometimento com a causa. Obrigado por ter me chamado a atenção, e me dado a oportunidade de colocar com melhor precisão e sensibilidade meus comentários e minha opinião. Madia".

PS#2. Infelizmente, depois que publiquei este comentário, o negócio de alimentação em nosso país perdeu o talento, a competência e a genialidade de SALIM MAROUN, a quem agora e neste *Marketing Trends 2018* homenageamos.

OUTLET LINGERIE

Todos os dias ao retornar para casa, quando volto de táxi, passo em frente a uma loja na Lorena. Na fachada, Outlet Lingerie. Nunca entendi direito, mas minha curiosidade mais que despertada. E agora anunciando em *Veja*.

Dou um Google, transponho as páginas de ofertas, e finalmente caio numa matéria de *Exame* postada no dia 22 de novembro de 2012, 5h.

O que diz a matéria assinada por Carla Aranha? Praticamente tudo em relação ao insight – descoberta de oportunidade – que teve Mauricio Michelotto, naquele momento com 49 anos:

> "Faz parte da rotina do paulista Mauricio Michelotto, de 49 anos, passar algumas horas por semana examinando calcinhas e sutiãs". 'Preciso ver se as peças estão bonitas e se têm defeito', diz ele. Dono do Outlet Lingerie, rede de lojas de desconto de grandes marcas, como Calvin Klein e Nu.Luxe, Michelotto tem se debruçado cada vez mais sobre roupa íntima feminina.

O Outlet Lingerie deve encerrar o ano com faturamento de 15 milhões de reais, quase o dobro do obtido no ano anterior. As 38 lojas da rede, distribuídas em 12 estados, vendem peças de coleções passadas de calcinhas e sutiãs. 'Esse mercado estava sendo muito mal aproveitado', afirma Michelotto.

Depois de fazer carreira como executivo em grandes indústrias de lingerie, Michelotto percebeu que poderia criar um negócio lucrativo ao resolver um problema crônico do setor. Os fabricantes não sabiam como lidar com os itens que encalhavam no varejo.

'Geralmente, as sobras de uma coleção eram despachadas para magazines populares do Norte e do Nordeste, para não ser simplesmente doados', diz Michelotto. 'Nessas lojas, os produtos quase sempre eram largados em cestões e não havia muita preocupação com a imagem da marca'.

Com o Outlet Lingerie, Michelotto procurou criar outro modelo para vender roupa íntima fora de catálogo. Suas lojas ficam em bairros frequentados por consumidoras de alto poder aquisitivo. Em vez de deixar as peças mofando em cestos, como nos magazines populares, as calcinhas e os sutiãs ficam pendurados em cabides elegantes. A proposta agradou aos grandes fabricantes, com os quais Michelotto fechou acordos para ter exclusividade para vender os lotes de coleções passadas..."

Como não consigo encontrar mais nada atualizado sobre o Outlet Lingerie decido "invadir" o site. E no que se chama hoje de "TV do Site", aquela parte de cima com imagens em movimento, encontro o mesmo anúncio da *Veja*. E informações que o negócio cresceu e prosperou, que tem lojas em todo o Brasil, que vende Hope, Valisere, Loungerie, Scala, Forum, Calvin Klein, e quase todas as demais marcas de confiança das mulheres.

E num outro portal, descubro que a empresa foi fundada em 2008, que começou a franquear em 2011, que são 11 unidades próprias e 99 franqueadas... E muito mais.

Em síntese, Mauricio Ribeiro Michelotto conseguiu ler o que fazia de uma forma diferente e iluminada. E enxergou uma tremenda oportunidade sob seu nariz. Apostou, foi em frente, e ocupou um lugar no negócio de lingerie.

Ainda convive com muitas indefinições, sua presença nos ambientes analógico e digital deixa a desejar, mas, muito mais que milhares de startups que vagueiam pelos céus da digisfera, o Outlet Lingerie revela os graus desejáveis e mínimos de consistência e tem tudo para crescer, prosperar, prevalecer.

A você que está considerando empreender, recomendo esta reflexão: se o que estava sob o nariz de Michelotto, e possibilitou uma epifania em sua vida, também não poderia acontecer com você? Exatamente nisso que você faz neste momento, mas que o aborrece e onde você não vê futuro? A menos que consiga ver por um outro ângulo, de uma forma diferente.

Como o fez Michelotto.

É POSSÍVEL FAZER A CABEÇA DAS MULHERES?

Li em *Exame* uma grande nota falando da chegada do Beleza Natural em NYC, mais especificamente, no Harlem.

Na matéria, a foto de Zica Assis, mais que uma batalhadora, uma vencedora consagrada e reconhecida e reverenciada pelo Endeavor e pela revista *Forbes*, dentre outros.

Originária do Rio, com 45 unidades pelo Brasil, e tendo como sócio financeiro da empresa o GP Investimentos, inaugura seu primeiro espaço fora do Brasil, em 600 metros quadrados, próximo do mais que emblemático Teatro Apolo.

Antes de publicar este comentário procurei vasculhar o Beleza Natural na internet. E além de muitos depoimentos elogiosos e convincentes, outros tantos de reclamação. Boa parte, em vídeo.

E qual a maior reclamação? Poucas sobre o tratamento, a maior parte, quase a totalidade, sobre o atendimento.

Até hoje, e em muitas de suas unidades, filas se formam pela manhã, e as clientes são atendidas pela profissional disponível. E isso, para parcela expressiva das mulheres, é morte.

Suas cabeças, mais especificamente seus cabelos, carecem e precisam de mãos de total e absoluta confiança. Testadas, conhecidas e aprovadas.

E no sistema Beleza Natural, em face do sucesso, a operação não flui caso se for respeitar qualquer possibilidade de escolha da profissional pela cliente.

De qualquer maneira, e por tratar-se de um tratamento radical, imagino que muitas mulheres, cabeças e cabelos não terão suas expectativas atendidas quanto à escolha do profissional. Mas a outra parte, a maior, que supera esse importante detalhe considerando o resultado final, sim.

De qualquer maneira, o calcanhar de Aquiles do Beleza Natural, ou o emaranhado quase que impossível de se conciliar e superar, é como possibilitar que suas clientes escolham o profissional que vai cuidar de seus cabelos, diante da demanda descomunal que continua registrando?

Uma espécie de indesejado preço a se pagar inerente ao sucesso alcançado.

7
EFEMÉRIDES E ÍCONES

Finalmente e depois de guardar anos de luto, Tim Cook revela ao mundo como vem dirigindo e sustentando o legado que recebeu do gênio Steve Jobs.

O homem que "nos dirige" hoje, Uri Levine, através do aplicativo campeão que criou, o WAZE, revela sua ojeriza aos paquidermes corporativos, "Não sobrevivo em grandes organizações e não me adapto a essa cultura. Não me dou bem com pessoas que fazem drama e gostam de se vitimizar. Conformistas, então, quero distância. Ou seja, não me vejo em hipótese alguma numa grande organização...".

É possível construir uma marca de excepcional qualidade colocando seu principal emissor de sinais e códigos de comunicação numa superfície que ninguém repara? Sim, agora é. Louboutin conseguiu a proeza com o solado vermelho de seus sapatos.

Abilio Diniz, a lenda, chegou aos 80 anos. E comemorou em grande estilo. E se ABILIO não conseguiu resgatar o sonho, Dona Dalva trouxe de volta e para sua família a Forno De Minas.

Bolt se aposentou. Mas antes escreveu uma história extraordinária e agregou incontáveis valores à Puma. Tanto quanto Jordan fez pela Nike.

E duas homenagens mais que merecidas. Ao mago do Outback, com a melhor experiência mundial, Salim Maroun, e ao homem que mudou a história dos restaurantes de carnes em nosso país, o legendário Belarmino Iglesias. Os dois nos deixaram em 2017. Mas o legado, as lições e as referências permanecerão para sempre.

TIM COOK NÃO É JOBS, MAS É COOK!

Como vem acontecendo com as revistas americanas, que agora chegam de navio e não mais de avião, e demoram um mês a mais para aterrissarem nas principais bancas do país, finalmente, a *Fast Company* de setembro, que começou a circular no final de julho, chegou ao Brasil quase em outubro. Na capa, ele, Tim Cook.

Não é fácil suceder a um deus. Mas sob a ótica dos números...

Tim, na entrevista que integra a matéria, começa reiterando a razão de ser, o propósito de sua empresa: "Fazer os melhores produtos do mundo capazes de enriquecer a vida das pessoas".

E, na sequência, repassa os fundamentos da empresa. Para o bem, segundo seus milhões de seguidores, e para o mal, segundo algumas pessoas mais críticas entre as quais, de certa forma, e em alguns desses fundamentos, me incluo.

Mas vamos aos fundamentos da Apple!

1. CONTROLE DE SEU DESTINO. Faz questão de – sempre que possível e só quando impossível – desenhar seus próprios chips e sensores levando em consideração o design final dos produtos e a forma como serão usados ou, dos serviços que prometem prestar;

2. DE PRODUTO PARA SERVIÇOS. Gradativamente, sem perder de vista sua galinha de ovos de ouro que são seus smartphones, produto –, a empresa vai migrando para o território da prestação de serviços. Hoje, 12% de suas receitas vêm de serviços como o iCloud, Apple Pay, AppleCare e App Store;

3. A CAMINHO DO MERCADO CORPORATIVO. Apple sempre esteve voltada para pessoas. Se, circunstancialmente, no ambiente corporativo era através das pessoas, profissionais e seus iPhones, agora se volta para as empresas, mediante joint--venture com a IBM;

4. FASHION. Independentemente de suas virtudes e competências, por querer ou sem querer, se reconhece como um ícone da moda, do fashion. E, se assim é, assim cada vez mais será, por estratégia. Passa a adotar as cores da moda, e se associa a grifes poderosas, ou profissionais delas originários, para um

permanente renovar: Hermés, Burberry (aqui questiono as escolhas – péssimas, nada a ver com a marca);

5. APPLE STORE é um ultramegablaster marketplace da empresa. Uma espécie da catedral da religião. Já visitada por mais de 1 bilhão de pessoas. Nos últimos seis meses, foi dramaticamente revitalizada com dezenas de novidades capazes de saciar a demanda e sede de seus seguidores;

6. VALORIZAR A OPINIÃO DE SEUS SEGUIDORES ATÉ CERTO PONTO. Acredita que valorizou exageradamente a opinião de seus seguidores nas pesquisas que precedem os lançamentos. Se, em verdade, procura sempre oferecer o que as pessoas não sabem que precisam e querem, mas, devidamente estimuladas e diante do produto, reconhecem que precisam, querem e desejam, passou a confiar mais no "feeling" de seus principais colaboradores, e menos nas pesquisas. De certa forma, resgatando o jeito Steve Jobs de ser (aqui também, uma discordância minha. O que a Apple vinha fazendo era pesquisa equivocada);

7. INVESTIR EM NOVOS TERRITÓRIOS – tipo, carro autônomo, saúde, streaming, ao fazer isso a Apple vem se tornando concorrente de outros big players. (Em meu entendimento, desnecessariamente. Ou seja, não vai prosperar e muito menos prevalecer e acabará se debilitando);

8. MONEY. Por, sabe-se lá quais razões, Tim decidiu transformar a Apple numa espécie de Fort Knox. Tem em caixa US$ 233 bilhões, mesmo depois de ter recomprado US$ 117 bilhões em ações. (De novo, outra forte discordância – dinheiro definitivamente não é o business da Apple);

9. SUSTENTABILIDADE. Muito mais que Jobs, que acreditava poder mudar o mundo para melhor, para muito melhor, a partir da qualidade de seus produtos, Tim aposta muito numa posição social mais explícita e responsável. E assim tem se coloca-

do, e colocado sua empresa ostensiva e fortemente, à frente de muitas causas públicas e sociais. (Menos, Tim, muito menos. E mais, muito mais, na linha do pensamento de Jobs).

Terminando, e os números?

Apenas os seguintes: desde que Jobs, ainda vivo, escolheu, empossou e empoderou Tim como seu sucessor, em 2011, as receitas da Apple triplicaram, e a religião contabiliza mais de 1 bilhão de fiéis em todo mundo. Muito mais, mas muito e muito mais que a quase totalidade das demais religiões.

Mas você dirá: "A Apple não é uma religião!". Não é?

URI – WAZE – LEVINE

Diferentemente da grande maioria dos jovens empreendedores de sucesso do digital, Uri Levine (Waze) fala. Fala, posiciona-se e abre o jogo.

Frequentador relativamente assíduo do Brasil já concedeu entrevistas para a *Folha*, *Época Negócios*, *IstoÉ*, *Pequenas Empresas e Grandes Negócios*, e outras plataformas de comunicação.

Continua na estrada. Depois de criar, decolar e vender o Waze para o Google, com seus parceiros Ehud Shabtai e Amir Shinar, mais investidores, por US$ 1 bi, saiu pelo mundo escancarando suas experiências e aprendizados e investindo em novas startups (num total de 10, por enquanto).

É bom de papo. É bom de traduzir suas práticas em aprendizados e lições. É generoso no compartilhamento do muito que aprendeu investindo energia, dinheiro e tempo. Separei alguns de seus ensinamentos. Vamos a eles:

1. "Não sobrevivo em grandes organizações e não me adapto a essa cultura. Não me dou bem com pessoas que fazem drama e gostam de se vitimizar. Conformistas, então, quero distân-

cia. Ou seja, não me vejo em hipótese alguma numa grande organização, mesmo que essa grande organização seja o Google, uma das melhores empresas do mundo. Por isso que, e diferente de meus sócios, não continuei após a venda".

2. "A ideia de dar informações sobre o trânsito em tempo real foi minha, mas isso é absolutamente irrelevante. Ideia boa todo mundo tem. Viabilizar é o que importa. A arte mais difícil da jornada continua sendo a execução."

3. "A mágica do Waze é que os mapas, as informações do trânsito, os alertas e todo o conteúdo exibido para os motoristas são gerados pelos próprios motoristas."

4. "Três fatores fazem de Israel um dos melhores lugares do planeta para se abrir uma startup. O primeiro é que lá todos são obrigados a servir o exército. E isso cria uma cultura de pragmatismo diante de desafios e problemas. O segundo, a grande tolerância que temos pelo fracasso. Aprendemos que o segundo empreendimento tem cinco vezes mais chances de dar certo do que o primeiro. E o terceiro é um ecossistema que dá suporte ao empreendedor. Quem começa uma startup em Israel tem apoio do governo, do sistema tributário, das leis, dos investidores, da mídia."

5. "Os automóveis tal como os conhecemos estão com os dias contados. A próxima revolução é a dos carros autônomos. Poderemos dispor de um a qualquer momento, lugar situação. Quase como acionar uma varinha mágica. Perderá sentido ter um carro. Todos compraremos milhas ou horas de uso e não o veículo."

6. "Esqueça a solução. Concentre-se nos problemas. Problemas o suficientemente grandes para merecerem uma solução. Apaixone-se pelo problema, mergulhe no problema, e em algum momento emergirá com uma grande solução."

7. "Não tenha medo de falhar, mas cometa os erros o mais rápido possível."

8. "Tem foco quem sabe e é capaz de dizer não."

9. "Disrupção não decorre da tecnologia, mas da cabeça de pessoas que ousam desafiar situações de equilíbrio. É saber quem você vai "disruptar" se sua ideia der certo. Se você não sabe responder essa questão, muito provavelmente seu desafio não seja o suficientemente grande."

É isso, amigos. Dentre os pensadores do Admirável Mundo Novo, Uri Levine é um dos que mais tem escancarado seus aprendizados e oferecido relevantes contribuições para os que pretendem chegar lá.

Se é esse o seu caso, incorpore essas sábias e iluminadas palavras ao seu comportamento. Agora.

SALTO ALTO, SOLADO VERMELHO

Olympia, nua, deitada na cama, apoiada em dois travesseiros altos, recebe flores entregue por uma serviçal, enviada por um admirador. Faz parte do acervo do Museu D'Orsay, leva assinatura de Édouard Manet, mas não tira o sapato de saltos. Christian olha e comenta, "Para a mulher, o sapato é uma extensão do corpo. Para o homem, um objeto". Christian Louboutin.

Nasceu em Paris, em 7 de janeiro de 1964. Único filho homem, protegido de suas três irmãs, visitava os museus de sua cidade. Um dia vai ao "falecido" Museu Nacional das Artes da África e Oceania – hoje com seu acervo integrado ao Museu do Quai Branly, e fica profundamente impactado com a imagem de uma mulher de sapato de salto alto, fino e afiado – quase uma arma – e registra em sua memória. Uma espécie de objeto de empoderamento e vingança.

Nascem seus primeiros modelos. Saltos altíssimos. Às vezes, até mais, mas na média 12 e 13 centímetros. Exibindo escandalosa, mas mediocremente, o solado escuro. Faltava alguma coisa.

Observando uma de suas funcionárias que pintava as unhas de vermelho decidiu juntar o salto fino e afiado, quase uma lâmina, ao vermelho sangue do esmalte, e perfurou magistral e profundamente: sapatos de salto alto e fino, exibindo e escancarando o "troféu do sangue derramado". Bingo! Nunca mais a história dos calçados femininos seria a mesma.

Hoje seus sapatos estão presentes em 51 países através de lojas próprias – 36 – e corners – 200 – nas mais famosas lojas de departamento. Dentre suas clientes tradicionais e rotineiras figuram a escritora Danielle Steel (mais de 600 pares), Caroline de Mônaco, Nicole Kidman, Sarah Jessica Parker, Oprah Winfrey, Madonna, Kate Moss.

E aí veio a batalha final. Ter, além da posse e da autenticidade do solado vermelho, a propriedade. Christian sabia ser impossível tornar-se proprietário de uma cor, mas também sabia que uma boa briga era tudo o que precisava para lhe garantir, não legalmente, mas factualmente, na cabeça e no coração de suas seguidoras, que o verdadeiro salto alto com solado vermelho era, obrigatoriamente, um Louboutin. E foi à luta.

Em abril de 2011, ingressa com uma ação contra Yves-Saint Laurent. Os advogados de YSL lembram a Christian que os solados vermelhos são usados nos calçados desde sempre, com se fazia, por exemplo, no reinado de Luís XIV, 1600.

Os célebres retratos do rei sobre os famosos "Talon Rouge". Quase seis meses depois, vem à sentença da corte de justiça americana: "na indústria da moda, assim como em outros campos de atuação, a cor possui funções estéticas e ornamentais decisivas para alimentar a salutar e desejada concorrência que só beneficia os consumidores...". Seis meses mais que suficientes para Christian Louboutin apropriar-se e cravar seu salto fino de solado vermelho na cabeça e no coração de suas clientes, através da descomunal cobertura de mídia que mereceu o processo.

Meses atrás, Louboutin desce de sua vespa e concede entrevista a André Jankavski de *Dinheiro* na Semana da Moda de Paris, no Grand Palais. Questionado por André sobre o processo de diversificação, responde:

"Eu diversifiquei, mas mantendo o design nos produtos. Todos expressam a mesma coisa: o fortalecimento das mulheres. Quero empoderar cada vez mais as mulheres. Meus produtos refletem os desejos delas. Se não for para refletir esses desejos eu jamais diversificaria...".

Quase na saída, André pediu a Louboutin sua definição de elegância: "É uma atitude que vem do coração. Não é elegante aquele que está bem vestido. Elegância é um jeito de ser, a forma como uma pessoa se conecta com outra pessoa".

Em todos os demais territórios, a cor vermelha não tem dono. No dos calçados femininos, quando as mulheres trocam passos, levantam e exibem o solado, e preparam-se para golpear, todas as demais pessoas leem Louboutin. E basta!

ABILIO, A LENDA

TV Manchete, ao vivo. 17 de dezembro de1989. Depois de sete dias de cativeiro, sequestrado, Abilio aparece. Policiais, ele, Bresser Pereira, Furquim e o Cardeal Arns.

"Fui libertado na tarde de domingo e retornei a minha rotina", diz Abilio, "pelo menos era o que eu pensava. Faço aniversário no dia 28 de dezembro. Durante pelo menos dez anos mantive o hábito de deixar São Paulo logo após o Natal e passar meu aniversário e o réveillon em companhia de amigos no Arco-íris (barco). Provavelmente um marinheiro da embarcação caminhava pelo convés... O barulho de seus passos acima de minha cabeça devolveu à minha memória os sons que escutava no cativeiro."

Minha mãe, Julieta Madia de Souza, estava hospitalizada no Sírio. No quarto em frente, a mãe do Armando Ferrentini. No mesmo andar Cidão Diniz lutava contra um câncer. Todo final de tarde, comandada por Floripes e "Seo Santos", os irmãos visitavam Cidão. Menos Abilio.

"Em 1978, meu pai decidiu fazer a partilha. Como se fossem capitanias. Deu uma delas a cada filho. Filho mais velho, havia trabalhado duro para construir o Pão de Açúcar. A tarde da briga em que se selou o rompimento da família foi um dos meus piores momentos...".

Baixinho, gordinho, filho único até os sete anos, Abilio sofreu com os moleques do Glicério. "Em pouco tempo me transformei em saco de pancadas". Um dia acertei a conta com o pior deles. "Você não é capaz de imaginar o prazer que senti em revidar depois de tanto sofrimento".

Abilio significa "aquele que não é vingativo" ou "criador de abelhas". No caso dele, criador de abelhas. Poucas com ferrão, mas, essas poucas... Que abelhas! Nas poucas horas vagas verte mel de excepcional qualidade e incomum doçura. Mas, e apenas, nas horas vagas, que repito, são poucas.

Abilio fala com Deus e acredita ser ouvido. "Rezo o tempo todo. Só, nadando, correndo, na musculação. Com Santa Rita, chego a ter mesmo uma relação de amizade sincera e camarada. Como se fosse alguém de carne e osso para quem dou um telefonema."

Resort Penha Longa, Sintra, 30 minutos de Lisboa. Abilio – família e convidados a dedo –, comemoram seus 80 anos. Entre 21 e 23 de abril de 2017, seus 300 convidados celebraram sobre o tema saúde e longevidade, com a mentoria e palestras das maiores autoridades no assunto. Nas pausas noturnas, Marisa Monte e Roberto Carlos. E o encerramento com Fernanda Montenegro.

Agora, na minha frente, Abilio na capa de *Forbes*. Diz, "Não podemos parar". E ensina os seis Pilares: 1 – Controle do estresse; 2 – Atividade física; 3 – Alimentação Saudável; 4 – Autoconhecimento; 5 – Espiritualidade; e 6 – Amor.

Abilio vendeu seu sonho. De forma desesperada, lancinante, quase sexualmente explícita, tentou resgatá-lo de todas as maneiras. Pelo sonho valia tudo, até sujeitar-se a esperas em recepções e não ser atendido, e ainda passar vergonha. De nada adiantou. Começou, depois dos 70, um ou muitos novos sonhos.

"Costumava dizer aos meus amigos que jamais dava seta em meu carro porque não tinha que prestar contas a ninguém sobre que direção estava tomando... Humildade, essa a palavra-chave que melhor traduz meu processo de mudanças pelo que passei nos últimos anos".

Abilio Diniz, a lenda. Agora, Octogenário. Parabéns, Abilio.

DONA DALVA

Abilio tentou e não conseguiu. Michel está tentando, mas está difícil. Maria Dalva Couto Mendonça – Dona Dalva – e Helder Mendonça – Helder – conseguiram, resgataram o sonho. Assim como a estilista Isabela Capeto anos atrás.

A entrevista com Helder Mendonça na revista *PE&GN* está terminando. Robson Viturino lança uma última pergunta, "Quais figuras daqui e de fora inspiram você?". Helder responde de bate pronto: "A turma do 3G Capital é um baita exemplo... um trio de empresários de tirar o chapéu (Lemann, Telles e Sicupira)... para figuras como eles o que conta é o espírito empreendedor... falam por aí que, depois dos US$ 100 milhões não faz diferença ter esse montante e US$ 1 bilhão. Ninguém dá conta de almoçar ou jantar mais de uma vez...".

Helder não conhece a obra dos três por inteiro. Não troco os 3Gs x 1.000 com todos os seus bilhões de dólares por uma Dona Dalva...

Forno de Minas começa em família e numa pequena loja de 40 metros quadrados. Mãe e dois irmãos: Dalva, Hélida e Helder. O pai morreu quando os dois eram meninos.

Receita do pão de queijo da família, como Dona Dalva fazia na gamela. Ovo caipira e queijo canastra. Quando a produção cresceu e, por determinação da ANVISA, precisaram procurar matérias-primas similares e correspondentes. Dona Dalva, por ela, fechava o negócio a ter que atender tão descabidas exigências.

Depois de uma temporada nos Estados Unidos onde estudou, Helder acostumou-se com os pratos prontos. E no retorno, na decolagem do Forno de Minas, e quando os únicos congelados que habitavam o autosserviço eram almôndegas, quibes e hambúrgueres, decidiu fazer o pão de queijo congelado.

Fabricar foi fácil. Congelar, também. Vender, distribuir, entregar e expor é que era uma quase impossibilidade. Nos freezers existentes e inadequados, muitas vezes as bolinhas do pão de queijo desmantelavam e viravam uma gororoba. Tiveram que desenvolver com a Metal Frio o freezer de correr.

A família apostava na praticidade. Que mais cedo ou mais tarde até em Minas, as mulheres prefeririam trocar o trabalho que dava preparar a massa e comprar a bolinha pronta no supermercado. Estavam certos.

Nove anos depois, 1999, a Forno de Minas era um negócio de 1,6 toneladas por mês, e líder absoluta de uma categoria que praticamente criou: 70% de Share of Market. E aí chegou a Pillsbury (General Mills) e comprou a empresa por estimados – valores da época – R$ 80 milhões.

Os novos donos resolveram mexer na receita: questão de margem. Dona Dalva incomodou-se. Foram diminuindo a presença de queijo e aumentado o aromatizante. Decidiram comprar o negócio de volta, resgatar o sonho, de uma empresa prestes a fechar as portas.

Os 70% tinham virado 10%. Hoje, e de volta com a família, recuperou metade do mercado, e continua avançando. Cumpriu todo o caminho para abertura de capital, aguardando apenas o melhor momento para tomar essa decisão.

Melhor ainda, resgatou uma marca de excepcional qualidade. Que mesmo com poucos anos de vida foi capaz de dar vida a um prosaico e delicioso hábito das famílias mineiras, de convertê-lo em categoria de produto.

Por tudo o que aconteceu, pela importância do resgate, e em defesa da mais jovem das marcas legendárias brasileiras, proponho que antes da abertura do capital a embalagem sofra uma mudança. Mais que uma mudança, uma correção e merecida homenagem.

No lugar do forninho de tijolos do logotipo, a fotografia de Maria Dalva Couto Mendonça. A Dona Dalva. Mais que merecido.

BOLT, O JORDAN DA PUMA

Michael Jordan aposentou-se em 2003. De 1984 a 2003 totalizou 32.292 pontos. Medalha de ouro nas Olimpíadas de Los Angeles (1984) e Barcelona (1992).

Phil Knight decidiu grudar a imagem de sua empresa Nike em atletas e esportistas emblemáticos. Dentre todos, apostou metade das fichas em Jordan. O ano era o de 1984. Jordan, uma consistente promessa. Era o momento. Um contrato de US$ 250 mil dólares. Um escândalo na época. A revista *Fortune* bradou, "Não há melhor indicativo de que a Nike perdeu a cabeça do que eles pagarem todo esse dinheiro por Michael Jordan". Quinze anos depois, e mordendo a língua e retornando ao teclado, a *Fortune* fazia uma espécie de mea-culpa, colocando Jordan em sua capa sob o título "The Jordan Effect". Sobre os muitos e muitos e muitos bilhões de dólares resultantes da parceria Nike + Jordan.

Jordan tornou-se conhecido dos americanos pela cesta que deu o título à Carolina do Norte em 1982. Mas mesmo assim, apenas uma dentre tantas promessas. Enquanto isso, a Nike adquiria musculatura investindo no basquete universitário e preparando-se para o grande salto para o profissional. Veio o draft de 1984. Dentre as promessas

Hakeem Olajuwon, O Número 1, Charles Barkley uma quase certeza, e na terceira posição, ele, Jordan. E a aposta foi feita. E tudo mais é história. Jordan hoje figura dentre os bilionários de *Forbes* e a Air Jordan – Jordan + Nike, responde por mais de 10% das receitas anuais da Nike de mais de 30 bilhões de dólares.

Nas pesquisas e sondagens que realiza pelo mundo em busca de atletas promissores, a Puma descobriu Usain Bolt num campeonato colegial na Jamaica, quando Bolt mal completara 14 anos. Hoje, uma parceria de 14 anos, que rende ao atleta US$ 10 milhões por ano, mas que em muitos momentos esteve ameaçada.

Em entrevista à CNBC, em 2 de outubro de 2013, o CEO da Puma, Jochen Zeitz, comentava sobre as dificuldades iniciais do relacionamento com o homem mais rápido do mundo. "Bolt era quase um menino e não gostava de treinar duro como os técnicos recomendavam... não foi fácil convencê-lo que sem trabalho duro e recorrente ele jamais chegaria ao topo, jamais realizaria seu enorme potencial".

Nos Jogos de Atenas de 2004, Bolt decepcionou. Não se dedicava aos treinos. Reunião de cúpula na Puma e a maioria decidira-se pela dispensa do atleta. Zeitz decidiu insistir: "Bolt, tenho certeza, é único. Tem uma personalidade espetacular. Tudo o que precisa é de um bom técnico e os resultados virão muito antes do que se imagina. Vamos apoiá-lo neste momento de dificuldade...".

Usain Bolt foi uma das mais importantes marcas dos Jogos Olímpicos do Rio de Janeiro de 2016. Três medalhas de ouro e uma quarta concedida pela opinião pública mundial: O Atleta dos Jogos. Recordista mundial dos 100 e 200 metros rasos, e ainda do revezamento 4X100, é o único atleta da história do atletismo a conquistar esse tricampeonato em três Jogos Olímpicos consecutivos. E conforme planejara, abandonou as pistas em 2017, no mundial de Londres. Em síntese, a Puma acertou com Bolt tanto quando a Nike o fez com Jordan.

Tendo como referência Jordan e Nike, a Puma tem um contrato perene com Bolt. Entrevistado por André Jankavski da revista *Dinheiro*, Fábio Espejo, presidente da Puma no Brasil, declarou: "Independentemente de Bolt estar competindo ou não, vamos continuar trabalhando com ele". Bolt tem garantido em contrato uma receita mínima de US$ 4 milhões/ano, além de todas as outras participações sobre venda de produtos, por todos os demais anos de vida. Assim como Jordan.

Quando em minhas palestras me perguntam sobre Marketing Esportivo em estado de arte sempre contava o "case" da Nike e Jordan. Nos últimos 4 anos, acrescentei o da Puma e Bolt. E espero muito brevemente incluir outros "cases" envolvendo, finalmente, atletas brasileiros.

HOMENAGEM

Em meu livro que mereceu o JABUTI de MELHOR LIVRO DO ANO NÃO FICÇÃO, "Os 50 Mandamentos do Marketing", no mandamento de número 26 – MAIS VALE UM DESEJO QUE DEZ NECESSIDADES – ilustro como um dos "cases" que sustentam o enunciado, o do Outback Brasil, obra magistral da dupla Peter Rodenbeck e Salim Maroun.

Mais do que ensinar a todas as demais master franquias do Starbucks pelo mundo o que é fazer uma releitura e decolar com autenticidade e absoluta correspondência aos desejos locais, Salim e Peter abriram, com brilhantismo e competência, o negócio do Casual Dining em nosso país. Possibilitando a chegada de outros players, e colocando o fast-food nas cordas.

Salim Maroun partiu para sempre. No dia 31 de janeiro, não resistiu a um tratamento de câncer.

Ao Salim Maroun, todas as homenagens do marketing do Brasil. E nossos agradecimentos pela contribuição inestimável que deu ao ambiente corporativo do país, introduzindo uma nova cultura empresarial, e um novo e emblemático estilo de liderança. Madia.

A seguir, como o Outback Brasil + Peter Rodenbeck e Salim Maroun, ilustram o mandamento de número 26 dos 50 Mandamentos do Marketing, publicado no ano de 2016: "MAIS VALE UM DESEJO QUE DEZ NECESSIDADES":

COMER BEM

"De tempos em tempos, as pessoas procedem a uma necessária, natural e espontânea releitura sobre o que é comer bem. Há 60 anos era comer em casa, com a família em torno da mesa. Há 40, comer em um bom restaurante ou num restaurante onde havia uma sequência e rotina de pratos a cada dia da semana: segunda, virado à paulista; terça, bife a rolê ou dobradinha à moda do Porto; quarta, feijoada; quinta, macarronada; sexta, bacalhoada; sábado voltava a feijoada; e domingo, com a família, no macarrão da mama, lasanha e outras preferências ou especialidades. Em casa.

Mais adiante, ou de 30 anos para cá, comer em fast-food, depois nas praças de alimentação dos shoppings, e tendo como derivativos rodízios e comidas por quilo, e muito mais... CHEGA! Independentemente da grana, as pessoas, sempre que o tempo permite, querem comer gostoso, num lugar legal, e preço que caiba no bolso ainda que com algum sacrifício. "E aí nasceu o chamado 'Casual Dining' que toma conta do Brasil e salta direto para o primeiro lugar na preferência das famílias brasileiras."

Onde começa essa história? Na sensibilidade de empresários de grande visão e maior competência.

Peter Rodenbeck e Salim Maroun que juntos introduziram o conceito no Brasil, mais que atendendo a um desejo latente no consumidor e não percebido pelos demais players, com a marca Outback.

Hoje sob a presidência e comando de Salim. Em pouco tempo mudaram o campo do jogo e tornaram-se, 15 anos depois, a operação Outback Brasil, referência mundial de uma rede de mais de 1.200

lojas em 21 países. São mais de 50 unidades que vendem 130 mil "bloomin onions" por mês, e 250 toneladas de costela de porco. Segundo Salim, "o consumidor está cansado de comer em praças de alimentação".

Diante da fama e da fortuna que o Outback vem fazendo por aqui, outros gigantes do 'Casual Dining' começam a desembarcar. Alguns já mais que instalados, como Applebee's, outros aportando como Oliver Garden, Red Lobster, Cheesecake Factory e PF Chang's.

Assim como manifestações locais ganham consistência, como é o caso de Madero, que há oito anos abriu sua primeira unidade na cidade de Curitiba, atende em muitos dias mais de mil pessoas, que buscam um lugar agradável e digno para comer um de seus 45 pratos do cardápio a um preço que oscila entre R$ 20 e R$ 40. Neste momento, abre quatro restaurantes em São Paulo e até o final do ano, com investimentos de um fundo, totaliza 47 restaurantes em cinco estados.

Ou seja, mudou de novo. Na absoluta falta de tempo ainda se socorre no fast-food, na comida por quilo, no rodízio, no sistema buffet. Mas, com um pouquinho a mais de tempo e junto com a família, comida gostosa, servida com qualidade, atenção e carinho, num ambiente moderno e acolhedor. É o que queremos. Ao menos e por enquanto".

HOMENAGEM: BELARMINO IGLESIAS

Cinquenta e poucos anos depois de desembarcar no Brasil com uma mão na frente e a outra atrás, US$ 1,00 no bolso, atravessando o Atlântico no porão de um navio, o imigrante espanhol Belarmino Fernandez Iglesias – leia-se, senhor Rubaiyat –, consagrou-se, décadas depois, como o mais sensível e competente empresário de seu setor de atuação, movido pela coragem, audácia, obstinação, e incomum sensibilidade.

Seu primeiro domicílio, um cortiço da Avenida Celso Garcia dividindo o mesmo quarto com outras duas pessoas, andando de bonde, saltando antes ou depois para não pagar e economizar o dinheiro do bilhete.

Um certo e abençoado dia, pede emprego na escola das churrascarias da cidade, A Cabana, na avenida Rio Branco – dos pais de Massimo Ferrari. Em 8 meses, literalmente, saltou de cummis a maître.

Sua primeira churrascaria foi plantada no centro velho, mais especificamente na rua Vieira de Carvalho, e adotando como marca uma palavra tirada dos versos do poeta, matemático e astrônomo persa, Omar Khayam: "Rubaiyat".

E desde então não fez outra coisa que não fosse prosperar, até culminar com a conquista do ponto mais cobiçado da cidade de São Paulo, ponta derradeira da rua Haddock Lobo, onde durante anos reinou, imponente, a Cleuza Presentes, e hoje é, anos após a inauguração, a consagrada Figueira (Rubaiyat) – o restaurante mais bem-sucedido do país.

De certa forma, dois quarteirões da Haddock Lobo, guardam muitos dos episódios mais marcantes e recentes das churrascarias de excepcional qualidade. Durante anos, quase na esquina da Oscar Freire, reinou O Rodeio, com o inesquecível Ramon Mosquera Lopez, e seus principais discípulos, e onde sempre pontificou o Chagas. Um pouco mais adiante, e no quarteirão de baixo instalaram-se, por pouco tempo, o The Place, e mais adiante, o Esplanada Grill.

Mas o derradeiro e mais cobiçado ponto, onde durante anos reinou a Cleuza Presentes, foi, finalmente, arrebatado e arrematado por Belarmino Iglesias. Colocando um ponto final na disputa pela merecida e reconhecida liderança. Onde hoje é o Figueira Rubaiyat.

Dentre as lições que foi colecionando pela vida, e que hoje fazem parte do "credo" que todos os seus funcionários professam, muito especialmente aos garçons, pontificam:

1. Um cliente insatisfeito leva consigo todo o resultado que cinco clientes satisfeitos trazem;

2. Olhar sempre nos olhos dos clientes, em qualquer circunstância, mesmo quando anotando um pedido;

3. Nunca dizer aos clientes que o serviço não está incluído na conta, uma vez que essa informação já consta da nota;

4. Jamais insistir em mais bebida enquanto o copo e a garrafa permanecerem cheios;

5. Quem tem aroma é a comida e, por isso, as camisas devem ser trocadas a cada novo turno, perfumes são terminantemente proibidos, e desodorantes neutros são obrigatórios e aplicados diversas vezes ao dia;

6. Cliente levantou a mão ou chamou, deve ser imediatamente atendido;

7. Sorria sempre, simpatia em primeiro lugar, e três banhos e barba feita antes de sair de casa.

Belarmino tem a ver, também, tudo a ver, com outra história extraordinária.

Belarmino já era dono do Rubaiyat. Um dia foi visitar o engenheiro Mario Carneiro. Na visita provou o pão de queijo feito pela mãe de Mario, dona Arthemia. Encantado implorou, e conseguiu, convencer dona Arthemia a fornecer a iguaria para o Rubaiyat...

Nascia naquele momento outros dos ícones do marketing brasileiro e de excepcional qualidade, o pão de queijo, e sua casa, A Casa do Pão de Queijo – hoje mais de 450 lojas em 25 estados do Brasil. Quarenta milhões de clientes, 35 milhões de pães de queijo, 22 milhões de xícaras de café expresso.

Assim foi, e se foi, meses atrás, um dos gênios do marketing de nosso país.

O espanhol da Galícia, que por aqui chegou com 1 dólar no bolso e nos ensinou, a todos, lições definitivas do que é praticar um marketing de excepcional qualidade.

E que cumpriu sua promessa. Feita a sua mãe quando decidiu deixar sua terra natal onde vivera na maior das misérias. Voltou lá, e comprou toda a propriedade.

8
INOVAR É PRECISO, VIVER NÃO É PRECISO

O milagre do vinho repetiu-se novamente! Desta vez no Brasil. Os Clubes de Vinho conseguiram, finalmente, aumentar substancialmente o consumo da bebida em nosso país. Pior ou, melhor ainda, com recorrência mais que garantida; já era hora!

Ninguém mais quer ser interrompido. Chega dos tempos em que no melhor do filme ou da novela "um minuto para nossos comerciais". Tudo o que queremos é o acessível. O "on demand". No momento e na hora mais adequado para nós.

Na luta incessante e patética pela sobrevivência, os gigantes cometem todos os erros e as maiores barbaridades. Simplesmente constrangedor. Constroem berçários para startups onde as empresas bebês" morrem por asfixia e contaminação.

Finalmente o Dr. CAOA concedeu a entrevista que sempre sonhou; paga! Só que agora sob nova e elegante denominação: BRAND CONTENT! E se eram poucos ou alguns que disruptavam, agora a disrupção generalizou-se. Até mesmo os que disruptavam estão sendo disruptados.

Os poucos gigantes com alguma chance de sobreviverem já aprenderam a lição; antes de tentarem se empoderar novamente, precisam, primeiro, se desempoderar. E no meio da "carnificina" e "mortandade" das publicações impressas, um gesto de qualidade e elegância: a revista *GIZ*.

E os BIG MACS que "explodiam" em 12 minutos, agora, como que por mágica, ganharam 18 minutos a mais de sobrevivência. Pode?!

A MULTIPLICAÇÃO DO VINHO

Sobre a multiplicação dos pães e dos peixes já ouvimos falar. Lembra, "Senhor, este lugar é deserto e a hora já é passada; assim despeça-se dessa multidão para que indo às aldeias comprem alguma coisa para comer". Jesus responde: "Não precisam ir, dai-lhes vós de comer." E os discípulos: "Não temos aqui mais que cinco pães e dois peixes...". E o resto da história todos vocês conhecem.

Já com o vinho, oferecido por Melquisedeque ao Senhor, refere-se ao milagre da Transubstanciação. É a certeza da presença do Redentor junto a nós "todos os dias até a consumação dos séculos".

Bebamos, pois, irmãos. Se a religião e os médicos recomendam, deve fazer bem!

E assim, finalmente, o milagre do vinho acontece no Brasil!

Tentativas passadas de aumentar o consumo do vinho foram infrutíferas. Até que nasceu o digital, e floresceram os Clubes. O primeiro, em termos de consistência e relevância, o Wine Club. 2008, base Vila Velha, logística e distribuição Palmas. Um ano depois, 14 mil clientes e 250 mil garrafas entregues. Hoje, 8 anos depois, 3,5 milhões de garrafas em estoque, 170 mil entregas/mês, 207 pessoas no time, e menos de 2% de taxa de reclamação.

Não tem moleza. Um único sócio/pedido, implica em, no mínimo, 9 operações/momentos diferentes:

1. Receber, conferir e estocar as remessas dos produtores;
2. Controle rigoroso sobre o estoque/inventário;
3. Planejamento das entregas e seleção das transportadoras;
4. Organização da montagem dos pedidos;
5. Preparação dos pedidos para transporte e montagem das Winebox;
6. Faturamento;
7. Expedição;
8. Acompanhamento da entrega dos pedidos em tempo real;
9. Logística reversa por diferentes razões.

Depoimento de Enofre Alves, supervisor de logística: "Cheguei a trabalhar no Centro de Distribuição da Wine em Palmas (TO). Naquela época, lembro que o boss e CEO e seu sócios nos ajudaram de madrugada a descarregar carretas. Aprendi que o capitão não abandona o barco".

Hoje, conhecidos, mais de 50 clubes. Além do Wine, e dentre outros, o Vinitude que aposta em vinhos de produção artesanal e oferece degustação. O Smartbuy, que valoriza os vinhos pontuados da Califórnia. O VINVM que só trabalha, promove e valoriza os vinhos produzidos no Brasil. O MVM – Melhor Vinho do Mundo – que tenta corresponder à proposta contida em sua denominação. Winet Club, que além dos vinhos promove cursos, degustações e outras atividades com preços especiais para os sócios.

E, também, o Evino, em parceria com o Grupo Abril, o Clube W, Sonoma, Dionisio Club, Wine Pro, Vinogourmet, Divino Mercato, Domusclub, Empório Mundo, Confraria Selo Reserva, Grand Cru, Chez France, Saca Rolha, Adegsa, De La Croix, Família Valduga...

O consumo de vinho em nosso país, finalmente, não para de crescer. Faltava educação!

Isso mesmo, e é o que mais falta em nosso país. Seremos uma democracia de verdade quando tivermos educação de verdade.

Os Clubes de Vinho são as escolas que faltavam para, finalmente, o brasileiro aprender a gostar de vinho. Fornecem informação, orientação, regularmente, e produtos de qualidade a preços acessíveis. E assim será por todos os próximos anos.

Finalmente, os brasileiros, mais adiante, entre os maiores bebedores de vinho do mundo. E se verdadeiramente faz bem; e faz! Claro, bebido de forma comedida, viveremos mais, o que torna a reforma da previdência ainda mais que necessária.

Agora só falta abrir a garrafa e brindar. Escolha o que dizer ao brindar: "Ich bring dir's", "santé", "salut", "salud", "tin-tin", "Chin-chin", "kampai", "prosit", "zum wohl", "proost", "na zdorov", "saúde", "felicidade", "amor sempre!".

PRÊT-À-PORTER

Não retornaremos aos tempos da alfaiataria. Mas não mais nos interessa a vida de gado. Zé Ramalho, "Êh, ôô, vida de gado, povo marcado, Êh, povo feliz!".

Carlos Araujo Souza, meu saudoso pai, era o secretário municipal da Prefeitura de Bauru. Chegou nessa importante posição, jovem, por competência e merecimento. Terno, gravata e chapéu.

Chapéus encomendados nas Lojas Cury. Prada ou Ramenzoni. E ternos de casimira, sob medida, com "seo" Avelino.

A Deloitte divulgou semanas atrás os resultados de sua pesquisa mundial GMCS – "Global Mobile Consumer Survey" – 31 países, incluindo o Brasil, onde foram entrevistadas 2.005 pessoas de todas as regiões.

Se possível fosse contar para as pessoas, 20 anos atrás como se comportariam, exclamariam "nem por um cacete!".

Sem precisar de qualquer tipo de cacete, 37% dos entrevistados acordam de noite para verificar mensagens em seus smartphones – devidamente engatilhados ao lado de suas camas.

- 48%, depois do último xixi e de escovarem os dentes, dão uma última olhadinha.
- 12% dirigem olhando para o para-brisa e para o smartphone, smartphone, para-brisa.
- 15% atravessam a rua conferindo mensagens. 48% deixam o smartphone à vista durante o trabalho. 51% veem tv e smartphones, smartphones e tv...

Mas, de todo o estudo, o que mais me impressionou é que se não estamos ainda retornando aos tempos da alfaiataria – talvez esse seja o final – agora em nossos hábitos e preferências caminhamos inexoravelmente para o prêt-à-porter no tocante às fontes de conteúdo e de informação.

Retomamos, já era tempo, o controle do – o quê, como, quando, quanto e onde.

Em 2030, salvo raríssimas exceções em que respeitaremos o momento do fato pela sua importância, relevância e significado, tudo o mais decorrerá de nossa conveniência.

Mas vamos à informação da pesquisa da Deloitte.

No estudo divulgado em 2016, nos Estados Unidos, 55% do que se viu na TV foi "on demand" – na hora em que cada pessoa quer e não mais na hora em que a atração ou programa acontece.

Quando se diminui ou se estreita o foco e concentra-se nos millenials, esse percentual salta para 72%. Ou seja, para a galerinha, 72% dos "ao vivo" são vistos "on demand" – horas, dias, semanas, e até mesmo meses depois. E quase sempre, saltando ou sem os comerciais.

Trazendo especificamente tudo isso para o território que mais nos interessa – o do Marketing e do Branding –, comunicar-se – condição essencial de ser e sobreviver – é cada vez mais sensível e desafiador. Mas, por outro lado, nesse comportamento define-se a receita.

On demand!

Tornar e deixar todas as informações sobre a empresa, produtos e serviços "avaiable" – disponíveis. Preferencialmente nos lugares certos de total e plena acessibilidade. Para que as pessoas se sirvam confortavelmente quando sentirem vontade.

Como a natureza procede com os pássaros.

No marketing e no branding não há mais lugar para uniformes. Aproximamo-nos da alfaiataria.

Assim, se sua empresa alimenta qualquer esperança de realizar a comunicação, esmere-se na preparação. Mas, nunca mais, nem por mil cacetes, interrompa.

Deixe suas mensagens sempre "avaiable" e "prêt-à-porter".

Como nos ensinou Quintana, "Todos esses que aí estão atravancando meu caminho, eles passarão, eu passarinho".

Ou, se preferir, Luiz Vieira, "sou menino-passarinho com vontade de voar".

"A REINVENÇÃO DOS GIGANTES"

Este é o título de uma matéria especial de *Época Negócios*, assinada por Alexandre Teixeira e Nayara Fraga.

Na abertura da matéria, o melhor retrato do caos instalado:

"Como as grandes empresas estão absorvendo startups [ferrou!]. Para acelerar processos de inovação e abrir novos espaços no mercado [ferrou mais ainda]".

Mas recomendo a leitura. Está tudo na matéria. Como jamais deveriam proceder, ou a apoteose ao autoengano.

O pior lugar para nascer o novo é a barriga de um quase dinossauro. E assim seguem as grandes empresas, inclusive as supostamente novas, e como nos alertou Scott Fitzgerald, "barcos contra a corrente arrastados incessantemente para o passado". Mas posam e acreditam como se estivessem na vanguarda do futuro...

Empresas "absorvendo startup", uma impossibilidade absoluta. Investindo em startup sem se meterem ou palpitarem ainda resiste. Absorvendo acaba no segundo seguinte. Muitas vezes, na mudança. Na maioria das vezes, no anúncio.

E "abrir novos espaços no mercado" é de uma burrice e estupidez abissal. Não se abrem novos espaços. O máximo que se pode fazer é identificar oportunidades não percebidas ou, se percebidas, ignoradas, ou absolutamente impossíveis de serem detectadas por olhares e cérebros contaminados.

Na introdução, a matéria ameaça trazer uma luz: "A postura tradicional de uma empresa estabelecida, grande e vertical, sempre foi a de construir em torno de si um muro tão alto quanto possível. Esse isolamento cumpria premissas estratégicas..." [até aqui ok!]... "isso mudou. E radicalmente. A história de relações entre as grandes corporações e as jovens companhias, as startups é relativamente curta, mas já passa por uma mudança de paradigma. As palavras-chave que norteiam esse convívio deixam de ser 'hostilidade' e 'indiferença'. Elas foram substituídas por 'colaboração' e até por 'coabitação', no sentido de atrair os jovens empreendedores para dentro da casa...". Mais Que Ferrou!!!

Regra Zero: jamais, em hipótese alguma, caso sua empresa deseje investir no NOVO, no verdadeiramente NOVO, considere a hipótese da proximidade. No mínimo muitos e muitos quilômetros de distância. Qualquer contato contamina irreversivelmente. O embrião do novo gora instantaneamente.

E como é que faz? Uma equipe mínima e em ambiente neutro para construir o plano. E, depois, adeus. Apenas relatórios de acompanhamento e prestação de contas.

Quando o novo se materializar e se revelar viável considera-se ou não a possibilidade de se internalizar o novo no velho. Em 90% das situações a decisão será de jamais fazer isso devido aos elevadíssimos riscos de contaminação. Muito maiores do que os dos primeiros transplantes de coração. Rejeição quase que na certa. Assim o novo deverá seguir apartado, e, se conveniente e viável, prestar serviços às empresas investidoras/mantenedoras.

A matéria de *Época* é apologia à promiscuidade. E algumas das manifestações cheiram a bolor e ranço. De uma consultoria, "a mudança é muito rápida, e as empresas tradicionais já não podem se dar ao luxo de moderar o ritmo da inovação". Sacou, o tema é o NOVO e a conversa gira em torno de "dar-se ao luxo". Socorro!!!

Ou, o título de um manual para que essa impossibilidade absoluta produza frutos de qualquer natureza: "Vencendo juntas: um guia para colaborações de sucesso entre corporações e startups". Não Existe Essa Possibilidade! Apenas isso!

Em síntese, encubar entrou na moda. Virou papo de velhos – não de idade, mas de cabeça – nas associações dos diferentes setores.

A melhor forma de nascer e encubar o que quer que seja, para que seja novo de verdade, é o que nos ensina a natureza nas palavras de Marguerite Yourcenar: "O nosso verdadeiro lugar de nascimento é aquele em que lançamos pela primeira vez um olhar de inteligência sobre nós próprios".

Tudo o mais é modismo e exibição. Diretores de empresas enrolando e ganhando tempo para a aposentadoria.

DR. CAOA

Lá está ele. O Dr. Carlos Alberto de Oliveira Andrade. Sorridente, deixando-se fotografar na posição que sempre sonhou. Olhar a meia distância, sorriso, sob a manga do cashmere um Rolex dourado. Primeira matéria de *Exame*, edição 1.140, seis páginas.

Matéria não, Brand Content. Lá atrás, mais conhecida como matéria paga, depois publieditorial, hoje, Brand Content. *Exame* virou *Vogue*!

Meu último emprego antes de empreender foi como diretor superintendente e publisher da Carta Editorial. Todos os meses reunião de pauta. Lá ia eu para a casa da Avenida Brasil. Terminada a reunião, e decidida a pauta para o próximo número de VOGUE voltava para a FARIA LIMA, minha base.

Minutos depois começávamos uma reunião com o Marcio Oliveira, Antonieta, Ricardo Ribenboim. No Estúdio que o Ricardo pilotava e que dava suporte para a área comercial. Sobre a pauta decidida, desenvolvíamos duas dezenas de Projetos Especiais.

Dois dias depois lá ia o Marcio e equipe venderem os projetos especiais pensados, planejados e desenvolvidos sob medida para empresas anunciantes que tinham adequação ao editorial. Ou se fazia assim, ou não se tinha publicidade. Para as agências, VOGUE só era lembrado em circunstâncias especiais. Inseria-se no verbete MÍDIA ALTERNATIVA.

EXAME virou VOGUE. ESTADÃO virou VOGUE. FOLHA virou VOGUE. EPOCA virou VOGUE. VEJA virou VOGUE. Não existe mais mídia principal e obrigatória. Todas são alternativas.

O DR. CAOA diz, "O cliente em primeiro lugar". Com o nome meio relacionado a supostas relações tóxicas e procedimentos pouco ortodoxos com políticos, o empresário CARLOS ALBERTO é um empresário de sucesso. Fez três trabalhos emblemáticos e campeões. Para FORD, originalmente, depois para a RENAULT, e nas últimas duas décadas fez da HYUNDAI a marca mais desejada e mais respeitada por parcela expressiva dos proprietários de automóveis em nosso país.

O produto é bom; é, é ótimo. Mas o marketing do DR. CAOA brilhante. Mas ele aproveitou-se da fragilidade da mídia – dizem alguns – da debilidade econômica dos principais jornais... Também é verdade. Mas debilitaram-se por outras razões e motivos. Estruturais, conjunturais, e incapacidade de decidirem a tempo sobre reposicionamentos essenciais.

A matéria é de ótima qualidade! Não é matéria, É BRAND CONTENT! Who cares? Se o conteúdo atrai, envolve, emociona, e o leitor fica feliz o que tem de errado nisso, mesmo que não saiba tratar-se de espaço comprado?

A ABRIL não adverte! É verdade, não mais como fazia antigamente. Onde os possíveis publieditoriais tinham que ser examinados previamente, jamais poderiam pela diagramação da página, pela direção de arte, pela escolha dos tipos, induzir o leitor a engano e confundir comercial com editorial. Mas, no alto da página 2 da matéria está escrito em letras médias "Apresentado por CAOA", e nos rodapés, a assinatura do estúdio ou agência interna da ABRIL encarregada da produção da peça de comunicação: "Produzido por Abril branded content..."

DR. CAOA diz tudo o que sempre teve vontade de dizer, em entrevistas que se recusava a dar de medo do que seria publicado. Diz, "Hoje, a percepção da HYUNDAI é de uma marca premium. Nós é que construímos isso". Ou "O jogo virou com o TUCSON. Podemos dizer que inauguramos o segmento de SUVs aqui no Brasil" ou, emocionado, suspira, "Faz alguns anos que eu sonho com um carro 100% nacional. Seria um legado não para mim, para minha família ou para a CAOA, mas para o Brasil inteiro".

E ainda, e no correr de toda a matéria – esquece, Madia, branded content! – é tratado carinhosamente pelos jornalistas – esquece, Madia, equipe de criação da ABC – "Andrade fala da fábrica com o brilho dos olhos de pai que conta sobre o filho bem-sucedido... A fábrica foi construída com o dinheiro do meu bolso... na época eu vendi quase tudo o que tinha e corri todo o risco sozinho..."

Assim são os tempos de hoje, os dias que vivemos. Tudo virou VOGUE. Quem se importa?

VAZANDO PELO LADRÃO

Centenas de profissionais de transporte individual nas principais metrópoles do país, "vazam pelo ladrão". Muito especialmente na cidade de São Paulo.

Em 24 meses a disrupção é ampla, geral e irrestrita. Primeiro Uber disruptou os táxis. Depois os "99" disruptaram os táxis e os "Ubers". E agora todos se disruptam todos. É o verbo do momento!

Em casa que falta pão todos choram e ninguém tem razão. Lembra? É exatamente isso que está acontecendo. Sobra oferta, falta procura. Sobram alternativas individuais de transporte, faltam indivíduos. E como a velha lei da oferta e procura não foi e jamais será revogada, os preços despencam, e os passageiros comemoram. Ao menos, por mais alguns meses e até o mercado se reequilibrar e milhares de profissionais desistirem da suposta e ilusória mina de ouro.

A melhor fotografia sobre o que está acontecendo nesse território foi tirada meses atrás pela revista São Paulo da *Folha*, em matéria de ótima qualidade assinada pelo Rafael Balago.

No exato momento da fotografia os passageiros – clientes – revelam-se em estado de graça. Têm muito mais alternativas, pagam menos, são mais bem atendidos e ganham mimos – bala, água e até suco. Mas, de toda a cadeia de valor, são os únicos verdadeiramente felizes. Vivendo dias de paraíso. Até quando?

Enquanto isso, uma nova realidade vai se revelando aos demais membros da cadeia de valor, claro, com exceção dos passageiros/clientes.

Meses atrás ao entrar no elevador do prédio onde fica minha empresa peguei um profissional falando que nas horas vagas fazia uns bicos no Uber e estava tirando livre "8 mil reais por mês?". Claro que não fez as contas direito, mas era outra realidade completamente diferente da atual.

Hoje a realidade é diferente, segundo matéria da *Folha*: "No último dia 8 de junho, o motorista Carlos do Uber começou a trabalhar às 5 da matina com uma corrida para Guarulhos. Para poder ganhar o mínimo necessário tive que ir até as 4 do dia seguinte e dar umas dormidas no carro... na segunda-feira anterior tudo o que conseguiu foi faturar R$ 12... Isso mesmo, 12 reais!"

Todos os profissionais minimamente inteligentes, espertos ou tentando sobreviver aumentaram a impressão de cartões e dão para todos os passageiros implorando que os acionem diretamente sem passar pelos aplicativos...

Já os taxistas mergulham na miséria. Segundo o sindicato da categoria na cidade de São Paulo, a queda no movimento apenas no ano de 2016 e em relação a 2015 foi de 45%. Pior ainda, aplicativos "amigos" que não cobravam nada agora esfolam e ainda exigem que os taxistas façam promoção de preço!

Por outro lado, os passageiros começam a descobrir que algumas das supostas maravilhas não são bem assim... Incomodam-se com o fato de o Uber estimular seus motoristas a indicarem outro e ganharem um bônus de R$ 700 sem nenhuma outra exigência ou critério. Incomodam-se com o fato de as pessoas poderem se cadastrar sem precisar ter carro podendo usar o carro de outra pessoa ou alugar um... e incomodam-se principalmente pela não necessidade de entrevista pessoal e nenhum tipo de treinamento presencial...

E alguns motoristas do Uber como já vêm acontecendo em outros países, organizam-se para em qualquer momento recorrerem à Justiça do Trabalho, alegando vínculo empregatício.

É isso, amigos, tempos de Murici – cada um cuide de si! Nada a ver com os "Veja, ilustre passageiro, o belo tipo faceiro que o senhor tem ao lado seu. E, no entanto, acredite, quase morreu de bronquite. Salvou-o o Rhum Creosotado...". Os bondes se aposentaram, os ônibus se modernizaram, os passageiros não morrem mais de bronquite e só de dengue, e os táxis e os taxista mergulharam no inferno da concorrência bagunçada do vale tudo da disrupção.

Mais dois ou três anos para a poeira baixar, e conseguirmos ver, minimamente, o novo formato dos sistemas de transportes das grandes metrópoles do mundo. Até lá, o caos!

Tomara que depois de quebrados quase todos os ovos revele-se um magnífico omelete.

OS DESPODERADOS

Nos últimos 10 anos o que mais ouço são pessoas apregoando terem mudado. Não mudaram. Acreditam que. Permanecem apegadas. Não descartam. Não abrem mão. Recusam-se a cortar na própria carne. Não mudaram. Não vão mudar.

Como nos ensinou Lampedusa, no *Il Gattopardo*, e no território do wishfull thinking dessas pessoas, "É preciso que tudo mude para que tudo fique como está". Para elas, e apenas, nos movimentos falsos, nas toscas aparências. Não permanecem. Foram-se.

Albert King nasceu em Indianola, no dia 25 de abril de 1923, e morreu em Memphis, 21 de dezembro de 1992. Foi um dos grandes guitarristas do Blues. Um dos três Kings: Freddie King, B.B. King e Albert King.

Em uma das canções que gravou, um bordão americano, "everybody wants to go to heaven but nobody wants do die...". Que mais que traduz e define a atitude dos supostos e novos empoderados. Não são!

Para que isso aconteça, primeiro tem que se desempoderar, desapegar e atirar fora o velho, supérfluo, inútil.

Mais que isso, como nos ensinou o maior dos mestres, Peter Drucker, "para mudar não é suficiente pegar todas as traquitanas novas que existem e colocar na velha moldura que temos em nossas cabeças; primeiro é preciso jogar a velha moldura fora".

No meio da música, Albert King dizia e diz, "todos querem ouvir a verdade, mas insistem em contar mentiras", ou "todos querem saber as novidades, mas ninguém se interessa pelas razões e motivos...".

Mais recentemente o mesmo bordão foi transformado em música, por Kenny Chesney. A frase mudada para Everybody wants to go to heaven... but nobody wants to go now...

Lembro-me, até pela idade que tenho, de todas as outras crises do passado. Em todas elas, com pequenas correções e remendos retomava-se o caminho do sucesso.

Desta vez, não. As crises anteriores eram conjunturais. Esta, que se faz presente e por igual em todo o mundo, é estrutural. Não é suficiente corrigir rotas; é necessário reinventar-se. Destruir-se e reconstruir-se. Zerar o taxímetro. Mais que esvaziar a moldura, trocar a moldura. Insuficiente recalibrar os pneus e realinhar as rodas. É preciso trocar de veículo, esquecer os carros...

Não se vai ao céu sem se morrer antes. Chegou a hora de "se matar" para merecer e alcançar o inadiável renascer.

Vamos nessa?

NO MUNDO LÍQUIDO A FLUIDEZ DO PÓ DO GIZ...

Chego, como faço todo sábado, a minha "caçada" ou "pescaria" – depende do mood – a banca da Praça Vilaboim. Na busca e compra das semanais, e de todas as demais revistas que se revelarem, no bater dos olhos e no correr das mãos, relevantes, talvez, essenciais...

Assim, foi com muita surpresa e maior entusiasmo que, sem pestanejar, retirei uma nova publicação da pilha e separei para comprar. Uma nova revista.

Quase todas as semanas, não obstante tudo o que se disse nos últimos cinco anos sobre as revistas, não obstante todos os cancelamentos e vendas, não obstante todas as tentativas – sem sucesso – de ressuscitação, sempre tem alguém wishfull thinking e se aventurando.

Invisto, semanalmente, sem exceção, entre R$ 200 e R$ 300 em publicações. Invisto de verdade. Sei da importância e do PAPEL que as publicações desempenharam em minha vida e trajetória. Trocadilho sutil e proposital...

E hoje, mais que nunca, no entardecer, essa importância cresce e é maior. Muito especialmente no momento em que muitos desistiram e jogaram a toalha, as informações que trazem, diante da apatia da maioria, se eram pepitas prováveis, hoje é ouro rico e genuíno, que rapidamente enfio na minha cabeça no limite dos espaços que disponho, da energia que me resta. Muitas vezes sobra vontade.

A revista chama-se GIZ. Com Ney Matogrosso na capa. Um resiliente, um mutante, um sobrevivente, talvez, líquido. E uma proposta ousada, pertinente, encantadora, assinada pelos editores Alexx Colontonio e Talita de Nardo:

"Enquanto muita gente quer tirar os sonhos do papel, colocamos os nossos nas quase 400 páginas a seguir, para compartilhá-los com você. Mas, para lhe atender de fato, eles vão muito além da celulose. Traçada para ser apreciada lentamente, no seu tempo, e caso você goste, colecionada...".

E aí segue o manifesto da dupla, mais que editorial, estabelecendo os propósitos e desenhando o positioning da publicação, do espaço físico (casa), do portal, e demais plataformas e manifestações.

Não é fácil colocar em pé e no papel um sonho de 400 páginas. E assim, pecam nos detalhes, como, por exemplo, no início do editorial quando usam "sonhos" no pessoal "elesizando", quando desconfortavelmente rimam traçada com apreciada, e por aí vai. Desculpável, sim, mas melhor se assim não fosse.

De resto, a sensação que praticamente esgotaram todos os possíveis editoriais futuros passando a mensagem que alimentam sérias dúvidas sobre a perenidade do sonho, da publicação, das demais plataformas.

Decidiram-se, como espaço físico, pela única casa que VILANOVA ARTIGAS projetou para si, no ano de 1949. E onde dizem irão "escrever o futuro com GIZ, junto com todos nós".

Gostei. Senti-me tentado a aderir.

No editorial, Talita fala sobre seu parceiro, Allex, "fui assistir a uma de suas palestras e ao abordá-lo a conexão foi imediata. Ele me 'chantageou'. Sou doente por revistas, é o que faço de melhor. E ainda acredito muito em impressos, desde que eles sejam bem cuidados, colecionáveis, com excelência gráfica e editorial. Vamos fazer o melhor portal juntos, mas precisamos de uma revista-artsy para escoltá-lo"...

"Comprei a ideia e o meu filho Luca", continua Talita, "de dois anos e meio, sugeriu o nome involuntária e epifanicamente durante uma conversa minha com Allex: 'Mamãe, passa o giz'. E a coisa se desdobrou para a CASA GIZ by ARTIGAS, para a campanha VEM AÍ GIZ, para a festa de lançamento e para tudo isso que você tem aqui em mãos agora e lá no gizbrasil.com.br, no alcance de um clique... o resto é lenda".

É isso amigos. O mais simpático e inspirador peixe de minha pescaria de um sábado na Praça Vilaboim. A revista GIZ, 400 páginas, R$ 39,90. Com pequenos e muitos erros de números 1 de novas publicações, mas constrangedores para GIZ, considerando-se o tamanho da ambição da dupla e equipe.

A inteligência, sabedoria e atualidade sugerida pela decisão de nascer trimestral e se sustentar, eclodir e disseminar e irrigar permanentemente via digital e muitas manifestações paralelas.

Os dois sócios são suficientemente jovens para inovar ao extremo e errar além do limite. Que se atenham ao inovar, que evitem ou posterguem o errar, e que sobrevivam às crises e aos perigos das expedições pioneiras e corajosas no admirável mundo novo.

QUANDO 12 MINUTOS VIRAM 30

Quando o gênio do McDonald's – não foram os irmãos, não, os irmãos DIC e MAC McDonald; foi Ray Kroc, o vendedor de mix que se associou aos irmãos e depois comprou o negócio e multiplicou quase ao infinito...

Repetindo, quando o gênio do Mc, Ray Kroc estabeleceu as políticas da mais fantástica operação de franchise de toda a história do franchise até hoje, uma das mais importantes, quase um dogma, dizia sobre até quanto tempo um Big Mac poderia esperar por um cliente. Lembra?

Fast-Food! Chegar e ter um Big Mac já esperando por você. Era o que era prometido, era o que era cumprido.

Assim, calculava-se a circulação e quantos Big Macs precisavam estar prontos antes dos clientes chegarem.

Se por alguma razão os clientes não chegassem em até 12 minutos, LIXO. O verdadeiro Big Mac perdia suas características mais importantes e tinha o seu sabor alterado.

Agora o papo é outro. Em muitas cidades americanas e desde meses atrás agora existe uma parceria entre o Mc e o UberEats.

Disponível em mais de 2 mil lanchonetes devendo chegar a 3,5 mil até o fim do primeiro semestre de 2017.

Cada entrega custa US$ 4,99.

Isso posto, e se a política não cabe na nova realidade, muda-se a política.

Por decorrência, e desde o início de 2017, um BIG MAC leva, em média, 30 minutos para chegar até um cliente.

E a regra dos 12 minutos?

Ora, regras... Servem para serem quebradas, será?

E assim se vai rolando, ladeira abaixo e ralo adentro, a mística da marca.

9
BALANÇO DE CATEGORIAS

Anos atrás, vésperas do Plano Real, os hipermercados não venciam o movimento. Agora, e por razões semelhantes – CRISE –, os atacarejos deitam e rolam. E os precipitados apostam todas as fichas. Não deviam. Atacarejo é um porre. Com o retorno a normalidade permanecerão como bons prestadores de serviços a empresas, vendedores autônomos e pequeno comércio. E ponto!

E por falar em comércio, o comércio em todo o mundo ensandeceu. Shopping centers encerram um ciclo, lojas de departamento perdem a razão de ser, os marketplaces desnorteiam a todos – muvuca, furdunço, caos!

NETSHOES chegou à NASDAQ. Mas o prejuízo continua. Não obstante a torcida dos admiradores, e a garra, tenacidade, dedicação e energia de Marcio Kumruian. E saem os artistas, partem os diretores, e na BRANDCONTENT SOCIETY prevalecem os roteiristas.

Esqueça o preço. Nada é mais forte e substitui a qualidade e a inovação. E aí sim, e só depois, o consumidor, nós, decidiremos se vale ou não a pena. Se é caro ou barato.

As MEGASTORES se despedem. FNACs e assemelhados dizem adeus, e os shopping centers voltam a reconsiderar quem querem como âncora.

Jun Sakamoto desabafa e escancara os bastidores dos restaurantes japoneses. E muitas das empresas do mercado imobiliário repetem o mesmo erro pela enésima vez.

A FOTO, O FILME

Supostos especialistas continuam fundamentando comentários e conclusões em cima de fotos. Têm preguiça de assistir ao filme. De mergulhar. De conhecer a história por inteiro. Mais ou menos como me contou certa feita Washington Olivetto, em frente ao Rodeio, final dos anos 1980, sobre um comercial que acabara de criar. A cena é um homem correndo na praia e seu lindo e querido cão correndo atrás para acompanhá-lo. Apertado o botão play, e o filme rodando, a realidade é bem diferente. Um homem correndo pela praia atacado por um cão tentando morder seu calcanhar...

Quase toda a imprensa publicou em manchetes e sem perder um único segundo para raciocinar um absurdo. Bateu os olhos na foto, concluiu e sentenciou: "RICOS VÃO ÀS COMPRAS NO ATACAREJO".

Atacarejo é uma bobagem do ponto de vista do consumidor final e que faz algum sentido para os comerciantes. Um lugar melhor e mais prático do que os grandes armazéns atacadistas, permite compras em quantidades menores, com cara e serviços de supermercado no plano racional, mas sem nenhum dos atrativos que interessam, sensibilizam e atraem – de verdade – pessoas físicas enquanto consumidores. Um tédio! Mas quebra o galho e facilita a vida de comerciantes, ambulantes, camelôs e assemelhados.

Caíram na fotografia da consultoria Kantar Worldpanel. Que não está errada, mal revelada ou fora de foco. É apenas uma fotografia, não é um filme e como tal deveria ser considerada e qualquer conclusão se ater ao momento da foto. O que disse a Kantar? "No ano de 2015, 49% das famílias das classes A e B foram ao menos uma vez se abastecer nos atacarejos". O que não disse a Kantar? E nunca mais voltaram!

Trata-se da SES – Síndrome da Experimentação Singular. Alguém comenta e recomenda, ou ouve falar, ou lê alguma notícia, e decide conferir. Vai, e nunca mais volta. Pela simples razão, repito, que ATACAREJO É UM PORRE e não tem nada a ver com o consumidor diplomado e moderno, independente da terrível crise econômica que assola o país.

Aí vai o jornal e fotografa três carros supostamente de luxo no estacionamento. Cruza com dois socialites que "casualmente" corriam as gôndolas do atacarejo naquele momento e arranca deles comentários do tipo "reduzi meus gastos em 50%", ou "estou de olho nos preços", e a fotografia tenta virar filme e tornar-se realidade. Mas não tem a mais pálida consistência. Permanece a quilômetros de distância de uma eventual verdade.

Ainda bem que a sandice não subiu à cabeça dos gestores das grandes redes e que possuem lojas de Atacarejo. Ouvidos pelo *Estadão*, o jornal registrou: "Os líderes do segmento de Atacarejo, o Atacadão, do Grupo Carrefour, e o Assai, do Grupo Pão de Açúcar, notaram aumento do número de clientes, pessoas físicas em suas lojas, mas as empresas não têm condições de avaliar se houve um crescimento de consumidores de maior poder aquisitivo".

É isso, não houve. Foram experimentar e adeus.

Steve Jobs sacou 20 anos antes da quase totalidade das empresas que nós, consumidores modernos e diplomados, temos um check-list espontâneo e natural antes de decidirmo-nos por uma compra, produto, loja, marca. Primeiro exigimos DESIGN. Não só no produto, mas no conjunto da obra – empresa, comportamento do empresário, local onde o produto é vendido, propostas contidas na comunicação, e outras 16 virtudes adicionais. Depois, não abrimos mão de conhecer a NARRATIVA, a história por trás do produto, empresa, marca. Na sequência, tem que ser LÚDICO – bonito, instigante, acolhedor, claro, limpo, gostoso (TUDO O QUE O ATACAREJO NÃO É – SOCORRO!). E no CONTEXTO adequado, revelando EMPATIA, e correspondência plena entre a promessa e a entrega – AUTENTICIDADE. E TRANSCENDÊNCIA na prestação dos serviços em relação a todos os demais concorrentes.

Pode ser que a falta de grana momentânea nos leve a concessões tipo ir uma vez aos Atacarejos. Mas, recuperada parte do poder aquisitivo, e do juízo, mais o impacto da péssima experiência, ATACAREJOS NUNCA MAIS!

Tão simples quanto. Agora, para os comerciantes, ambulantes, camelôs, uma ótima alternativa.

MUVUCA NO COMÉRCIO: VALE TUDO!

Carlos Drummond de Andrade é de 31 de outubro de 1902 – Itabira – "é apenas uma fotografia na parede. Mas como dói!" –, e morreu no Rio de Janeiro, em 17 de agosto de 1987, poucos dias depois da partida de sua filha única, Maria Julieta Drummond de Andrade.

Em setembro de 1939, começa a Segunda Guerra Mundial. No ano seguinte, Drummond publica seu Congresso Internacional do Medo: "Provisoriamente não cantaremos o amor, que se refugiou mais abaixo dos subterrâneos. Cantaremos o medo, que esteriliza os abraços, não cantaremos o ódio, porque este não existe, existe apenas o medo, nosso pai e nosso companheiro...", e por aí vai, segue, continua, permanece.

Há pouco mais de 20 anos, nascia a internet. Há 15, o comércio eletrônico. E de cinco para cá, a consciência de que ninguém sabe de nada, absolutamente nada, independentemente do lastro e da experiência de décadas e até mesmo séculos, na arte e na ciência de distribuir e vender produtos; na arte do comércio.

E assim, os que nasceram seguindo a cultura analógica, muito rapidamente foram concluindo que no digital o analógico é outro, ou os caminhos são outros. E flexionaram, deixaram-se conduzir pelos ventos, circunstâncias e demandas, e aos poucos vão se acertando. No mundo líquido e fluido, e como nos ensinou Zygmund Bauman, o que nos salva é a velocidade e a capacidade de adaptação. Rigidez, inflexibilidade, teimosia, matam!

A Amazon nasceu e começou vendendo livros. Hoje é o maior marketplace do Ocidente.

No Brasil, 20% dos valores movimentados pelos maiores varejistas virtuais – que nasceram como extensão das práticas do analógico e rapidamente converteram-se em marketplaces – B2W (Americanas.com, Submarino e Shoptime) e Via Varejo (Casas Bahia, Extra e PontoFrio) – resultam de produtos ofertados e entregues por outras empresas. São, literalmente, mulas! Quem diria. No bom sentido, claro... Com todo o respeito às mulas.

E aí o furdunço é amplo, geral e irrestrito. Por exemplo, um produto A é vendido pelos portais da Via Varejo, mas também vendido por outras empresas através dos portais da Via Varejo. Com argumentos, preços e condições diferentes. Na cabeça dos marketplaces, prevalece, não importa se sou eu ou o meu querido parceiro e inimigo e amigo que vai vender. Quero participar de tudo, ganhar o meu em todas as vendas. Mais adiante, a gente resolve...

Hoje, os portais da Via Varejo expõem 2 milhões de itens. 200 mil vendidos por Bahia, Extra e Ponto-Frio, e 1,8 milhão por outros 3.500 lojistas "hospedados". O BMW tem na Americanas.com, Submarino e Shoptime, quase 5.000 lojas hospedadas e concorrendo e vendendo e pagando comissão.

Alex Pfeiffer Pimenta, gerente comercial de marketplace da Via Varejo explica a "gororoba" a Filipe Oliveira da *Folha*: "Meu concorrente pode vender produtos em meu marketplace. Posso ser cliente de uma indústria, comprando dela seu próprio estoque e revender, e ela expor o mesmo item diretamente ao cliente no meu marketplace.

É isso, amigos. Tempos de murici, cada um cuidando de si até a poeira baixar. E Tim Maia retornando e cantando – levante-se e vamos dançar – com mais animação ainda, "Vale, vale tudo... Vale o que vier... Vale o que quiser... Só não vale dançar homem com homem nem mulher como mulher...".

Coitado do Tim, não sabe das coisas que acontecem por aqui. Finalmente, vale e é possível dançar homem com homem, mulher com mulher e tudo o mais que a tal da vã filosofia de Shakespeare considerava.

Ainda que, e como ensinou Drummond, provisoriamente não cantaremos o amor, e muito menos seguiremos o "by the book" de um mundo que se foi...

NETSHOES: E-COMMERCE LAB BRASIL

8 de abril de 2013. Marcio Kumruian conta sua história, e a história de sua empresa no 26º Fórum da Liberdade, PUC-RS: "Quando comecei a Netshoes tinha cinco funcionários: três, mais eu e meu primo. No primeiro mês vendemos um par de sapatos. No segundo, dois. Um crescimento de 100%...".

Na manhã da quarta-feira, 12 de abril de 2017, a Netshoes abre o capital na Bolsa de Valores de Nova York (NYSE). Um IPO – Oferta Pública Inicial – de 8.250.000 ações ordinárias ofertadas pelo preço de US$18. No final do pregão, uma desvalorização de 10,5% e as ações negociadas a US$16,10.

Todos, eu disse todos, os comércios eletrônicos do Brasil acompanham sem respirar a trajetória da Netshoes. É o laboratório. É a escola. Uma escola que vai aprendendo – mais erros que acertos – e todos bebem nessa fonte.

Originalmente, a Netshoes, fundada por Kumruian e Chabap, era uma varejista de artigos esportivos. Uma loja física. Duas, três... Até decidir-se migrar totalmente para o digital, para o e-commerce.

Nas vésperas da abertura do capital, encaminhou a documentação para a SEC – Securities and Exchange Commission. Uma receita líquida de R$1,74 bilhão, em 2016, + 15,2%, e um prejuízo acumulado de R$151,9 milhões, + 52% em relação ao prejuízo de 2015.

Sintetizando, a velocidade do crescimento do prejuízo é três vezes maior que o crescimento da receita, ou quanto mais vende, mais perde... Mas, e mesmo assim, todos acompanham seus passos.

Todos querendo entender a garra, a energia, a alucinação de Marcio, e até aonde sua jornada ensandecida o levará.

Uma espécie de cobaia voluntária ou inconsciente.

A imprensa de negócios também segue seus passos. Passo a passo. Em fevereiro de 2012, *Época Negócios* fez de Marcio e de sua Netshoes matéria de capa. Na edição de abril de 2017, de novo, na capa, Marcio e sua Netshoes.

Há seis anos o título era "O grande passo da Netshoes". Na de abril 2017, sai a afirmação e entra a pergunta: "Para onde caminha a Netshoes?"

Aos 17 anos Marcio trabalhava com o tio na Clóvis Calçados, centro velho de São Paulo. Aos 25 usou parte de um estacionamento do tio na Maria Antonia, em frente ao Mackenzie, e começou a vender sapatos aproveitando o fluxo dos estudantes da rua. Aos 36 anos implantou uma operação na Argentina e no México. Aos 37 bateu no primeiro bilhão de reais de faturamento. Aos 43 abriu o capital de sua empresa em NYC.

Sua trajetória é trôpega e movida a emoção. Muita emoção. E, no embalo. Decisões tomadas no velho e bom e não necessariamente sábio "feeling". Bateu a ideia "vamos nessa".

E assim, e além de sair para outros mercados fora do Brasil, e hoje comandar uma empresa de capital aberto e com 2,7 mil funcionários, agregou ao seu negócio o da moda com a Zattini, foi buscar profissionais na Dafitti, e vende dentre outras marcas Colcci, Cavalera e Diesel.

Contratou Giovanna Antonelli como garota-propaganda, e prepara-se para ingressar no território de produtos para bebês, promove a Netshoes Fun Race, e caminha, atabalhoadamente, na direção de converter-se num marketingplace.

Tendo como referência o Mercado Livre – que consegue o que nem Marcio nem a maioria dos e-commerce do país consegue: dar lucros! E dá lucro há 40 trimestres!

É isso, amigos. O e-commerce continua um mistério. Todos têm certeza que o caminho é esse, mas ninguém sabe exatamente como chegar lá, seguir adiante, e prosperar.

Em 2016, o e-commerce brasileiro faturou R$ 44,4 bilhões, 3% do comércio total, e 48 milhões de consumidores compraram pela primeira vez via internet. Tirando o Mercado Livre, dentre os grandes players, todos os demais a luz de números verdadeiros perdem dinheiro: Americanas, PontoFrio, Luiza, Extra, Submarino, Casino, Shoptime...

Que é pra lá ninguém tem a menor dúvida. Mas exatamente que lá é esse, e como chegar no lá vivo e preservar-se vivo? Por isso que todos não tiram os olhos do corajoso e emblemático aventureiro Marcio Kumruian e da Netshoes.

Que ALLAH o proteja, oriente e abençoe.

NADA É PARA SEMPRE

Aconteceu naturalmente. Nada planejado. Decidiu-se fazer uma releitura. As pessoas gostaram e pediram mais. Séries e franquias. O conteúdo prevaleceu. Sai Angelina e Pitt; entram Power Rangers e Angry Birds.

No mundo do efêmero e fugaz as pessoas, quando gostam querem mais, e mais, e mais. O conteúdo prevaleceu sobre astros e estrelas.

Valorizam-se os autores, depreciam-se os atores. Questão de u!

O tal do "star system" derrete; prevalece o "content system". A narrativa, finalmente, ocupa todo o palco.

Das cinco principais estreias de 2017, no território da ficção científica, uma é absolutamente inusitada – correndo o risco de converter-se mais adiante em franquia –, e as demais quatro, continuações. A inusitada e original é o filme "Vida". E as continuações, ou franquias, "Planeta dos Macacos", "Alien", "Star Wars" e "Blade Runner".

Pior ainda. Quando astros e estrelas prevalecem, poderiam ser totalmente substituídos por desconhecidos ou figurantes com reflexo zero nas bilheterias. Todos a caminho da irrelevância.

Um dos maiores sucessos deste ano, "A Bela e a Fera", já se coloca entre as trinta maiores bilheterias de todos os tempos, com mais de US$ 1 bilhão e com um caminho ainda a percorrer.

No filme, cachês desnecessários de milhões de dólares para Ewan Mc Gregor, Emma Watson e Dan Stevens, descaracterizados por computação pesada.

Em artigo na revista *Vulture* um balanço do que aconteceu com alguns dos últimos e aguardados lançamentos nos Estados Unidos, no primeiro trimestre de 2017, *versus* o cachê recebido por astros e estrelas.

Vigilante do Amanhã, com Scarlett Johansson, que levou US$ 17,5 milhões para casa, arrecadou apenas US$ 32 milhões na semana de estreia perdendo para outros dois filmes. O mesmo acontecendo com filmes protagonizados pelos cachês milionários de Chris Pratt, Ryan Reynolds, Jennifer Lawrence, Ryan Gosling e Brad Pitt, massacrados pelos heróis de *Power Rangers*, pelo megagorila Kong na *Ilha da Caveira*, e pelos passarinhos ensandecidos de *Angry Birds*.

A história do cinema está repleta de acidentes e fatalidades; de atores e atrizes encerrando suas carreiras súbita e precocemente.

Cory Monteith, Philip Seymour Hoffman, Heath Ledger, Anne Nicole Smith, River Phoenix, John Belushi, Judy Garland, dentre outros, abreviaram carreira e currículo por overdose.

Outros, por vontade própria, decidiram saltar fora e seguir novos caminhos, como Mara Wilson (*Matilda*), Jeff Cohen (*Os Goonies*) Amanda Bynes (*Tudo o que uma Garota Quer*), Macaulay Culkin (*Esqueceram de Mim*), Josh Saviano (*Anos Incríveis*).

Mas, e pela primeira vez, em toda a história do cinema, o conteúdo se sobrepõe e ofusca os intérpretes.

Tempos de brand content, de narrativa, de contar histórias de forma lúdica, magnetizante, arrebatadora. E que deixa em todos a vontade e o desejo de querer mais, da continuação.

Nos números de Hollywood, e no balanço dos últimos três anos, só três filmes com conteúdo original e atores de nome deram o retorno esperado. *Sniper Americano* (2014), *Perdido em Marte* (2015) e *Estrelas Além do Tempo* (2016). E a estreia do original mais aguardado deste ano, *Vida*, foi um tremendo fracasso.

Assim, aconteceu. Astros e estrelas terão de se conformar em todos os próximos anos com cachês ainda milionários – poucos –, mas com um zero a menos.

Enquanto, finalmente e na era do conteúdo, alimentado por uma nova cultura decorrente de *Harry Potter* e de *O Senhor dos Anéis*, das infinitas séries de sucesso da Pay TV, e do streaming (Netflix), colocam escritores e roteiristas no foco das disputas pelos estúdios.

Como nos ensinou o maravilhoso filme dirigido por Robert Redford, *A River Runs Through It*, e na tradução *Nada é para sempre*.

A EXCEÇÃO

1° de novembro de 2012, próximo do final da tarde. *Valor* anuncia: "Alberto Carvalho é o novo presidente da Procter & Gamble no Brasil".

Naquele momento Alberto substituía o festejado Tarek Farahat. Pela primeira vez, um brasileiro, pernambucano, com 46 anos e 21 na empresa, assumia o comando da operação da Procter no Brasil (Por favor, não me peça para chamar a Procter de P&G – recuso-me à semelhante vitupério, Madia).

Quinta-feira, 9 de fevereiro de 2017. *Exame* chega às bancas. Na edição, A Exceção: "A gigante americana Procter & Gamble cresce mais de 10% ao ano em meio à pior recessão da história brasileira".

A Receita: "Fazer de Conta que os Consumidores estão com dinheiro sobrando". Pode? Pois é, pode e deve. Muitas empresas podem ver as pessoas de uma mesma maneira. Não necessariamente existe uma única maneira de ver as pessoas. Apenas isso.

Alberto Carvalho explica à Maria Luíza Filgueiras o "truque". Qual a mágica...

Modesto, e em voz baixa, Alberto vai explicando... "Foi um golpe de sorte termos tomado iniciativas já em 2013 e 2014, que permitiram que os dois últimos anos fossem muito bons... A rentabilidade melhorou e ganhamos participação de mercado... Remamos contra a maré... empresas de consumo costumam recorrer a uma mesma receita de bolo nas crises – muita promoção, reduzir preços, lançar produtos mais baratos. Reduzimos, não os preços, mais o portfólio. Simplificamos o portfólio reduzindo de 1.200 para 600 itens... concentramo-nos em nossas marcas-chave que são de maior valor agregado e suportam-se em qualidade e inovação".

Parece loucura, para os pouca-prática, mas, e como disse e fez Alberto Carvalho, 1 – "em momentos de crise, as pessoas querem a segurança das marcas, compram aquelas em que confiam, para não ter desperdício". 2 – "há mudanças de hábitos durante a crise. Para poupar, as mulheres reduzem o número de vezes que vão ao salão de beleza, mas procuram produtos melhores para fazerem os tratamentos em casa... assim, lançamos produtos típicos de salões brasileiros... na crise, produtos *premium* para cabelos vendem mais do que os populares...".

A essas alturas, você deve estar se perguntando e me perguntando "Pô, Madia, sempre ouvi o contrário".

Pois é, as pessoas veem os sintomas, não mergulham nas verdadeiras causas, equivocam-se nas soluções, e o tiro sai pela culatra. Nem sempre entrar na guerra de preços é o melhor caminho. Via de regra, o pior. Porque não garante absolutamente nada que não seja o tremendo trabalho a ser feito no depois da crise, nas tentativas muitas vezes infrutíferas de se recuperar as margens.

E aí Maria Luíza perguntou se o "trade" não tinha reclamado. E Carvalho disse, tranquilamente, "O lojista quer aumentar as vendas e entendeu que, se ele vender um produto pela metade do preço do mesmo item da Procter terá de vender dois. Mas ele não vai ter o dobro de clientes entrando na loja, para isso acontecer...".

E a conversa rolou adiante, com muitas e outras relevantes informações.

No final, e a "Exceção Procter", arrematando a entrevista, manifestou-se, através de Carvalho:

"Quando você acostuma o consumidor a comprar o produto só porque o preço está baixo, já perdeu esse cliente. Qualidade e inovação fazem a diferença".

Ficou alguma dúvida?

O FIM DAS MEGALIVRARIAS

Tudo começou lá atrás com o reposicionamento da FNAC de Pinheiros. Depois vieram, na sequência e não necessariamente pela ordem, Cultura, Saraiva e as dos Aeroportos, em especial Laselva.

De verdade, mesmo, a chegada da FNAC foi para salvar uma primeira iniciativa – Ática Shopping – que se instalou com uma proposta torta e equivocada quanto a posicionamento, e num lugar absolutamente equivocado.

Lembro-me de que no momento da inauguração escrevi um artigo advertindo pelos erros e um dos responsáveis pelo projeto disse que eu iria "quebrar a cara". Até que preferiria, em benefício dos empregos perdidos e esperanças desfeitas pelo fracasso do negócio.

Mas, e voltando ao assunto, no exato momento em que o velho e bom livro ressuscita, as megalivrarias naufragam inexoravelmente.

Quando a FNAC surgiu foi no exato momento em que os shopping centers descobriram que precisavam de uma nova âncora, já que as lojas de departamento não faziam mais sentido em seus valorizados espaços. Ocupavam grande área, não atraiam, e descaracterizavam a essência de um shopping center.

Rapidamente abriram suas portas, bolsos e corações para atrair as megalivrarias. Em muitos casos, cedendo espaços descomunais por aluguéis simbólicos; em outros casos, não cobrando aluguel; em outros, ainda, até pagando algum tipo de luva para atrair as megalivrarias.

Esse tempo acabou. Cultura, Saraiva e até mesmo algumas menores acreditaram que chegara a hora e a vez delas. Foi bom enquanto durou...

Hoje, ter megalivrarias como âncoras perdeu o sentido. E os shoppings querem os espaços de volta.

Fecham-se as megas dos aeroportos (Laselva), e Cultura e Saraiva, em crise insuportável, consideraram eventual fusão (quando se soma menos com menos não dá mais, dá menos). E por aí vai.

Conclusão, e para acomodar o livro ressuscitado, voltam as velhas, boas e pequenas livrarias.

Quem sabe, a grande e maior e mais aguardada novidade dos últimos anos. Agora, com um delicioso café/lanchonete em anexo...

Onde velhos e novos livreiros abrirão e fecharão as portas, tomaram cafés com seus amigos e vizinhos, e venderam os livros suficientes e outros derivativos para uma vida minimamente digna. Mas de intensa felicidade.

RETRATOS DA CRISE

No *Estadão* de semanas atrás, coluna da Sonia Racy, um dos três nomes mais conhecidos, reconhecidos e reputados da cozinha japonesa no Brasil, Jun Sakamoto.

Sonia começa a entrevista perguntando sobre a crise. JUN responde, "Tudo o que eu conquistei na minha vida eu perdi. Ainda está comigo, ainda posso usar, mas não é mais meu. Financiei meu apartamento e nem terminei de pagar, tive que pegar um empréstimo, com um amigo, no mesmo valor do apartamento e colocá-lo à venda. TUDO O QUE EU FIZ, EU PERDI, VOU TER DE COMEÇAR DA ESTACA ZERO".

Mais adiante Sonia pergunta sobre as faculdades, JUN começa a responder, e enevereda por seu sentimento sobre o brasileiro, sobre o que somos...

"A Lava-Jato está ajudando, mas duvido que vá mais adiante; aqui não tem um inverno rigoroso como no Japão, não temos tsunami para o povo se unir e lutar, lutamos contra nós mesmos, é uma autofagia...".

Jun vai embora, "Vou vender tudo para viver uma vida mais segura em NYC. Abro um restaurante menor, no qual faça só o que gosto. Lá é mais fácil achar as iguarias com que gosto de trabalhar. Em SP é difícil e no resto do Brasil, pior ainda...".

E conclui, "Quando fico sabendo de um restaurante japonês no interior, considero o dono um herói. O único peixe que chega em todo o território brasileiro é o salmão. Por ser de cativeiro é extremamente manipulado... não temos condição de saber o quanto está fresco, nem quando chega no CEASA. No Japão, o peixe vem com certificado dizendo há quanto tempo saiu do mar...".

O SANGUE DOS INOCENTES

Trinta anos depois, repetiu-se a história da ENCOL. Não precisava. Se todos fossem bons alunos, aplicados e atentos, e tivessem descoberto que na economia e nos negócios não existem milagres. Nem truques, macumbas e salamaleques.

Junte jovens ambiciosos e governantes incompetentes e corruptos, e a explosão está garantida. E que explosão!

Era uma vez um mercado imobiliário que caminhava trôpego e hesitante diante de tantas inseguranças e incertezas. Na maioria do tempo, nem mesmo caminhava. Aguardava para ver.

A maior dentre todas as inseguranças, o instituto da hipoteca. Só se podia hipotecar imóveis nos processos de financiamento.

E quando o credor ia executar via de regra a Justiça não autorizava a execução pela componente social envolvida em parcela expressiva dos imóveis. Era onde morava a família...

Até que um dia se trocou o instituto legal. Saiu a hipoteca e entrou a alienação fiduciária. Todos aplaudiram, mas ninguém quis testar.

Preferiram ficar esperando quem seria o corajoso.

E aí o PLANO 100 da ROSSI começou a vender financiado, em 100 pagamentos, tendo como garantia a alienação fiduciária dos imóveis. E as coisas iam funcionando bem, mas faltava o grande teste.

Um dia a Rossi colocou à venda um lote de imóveis alienados fiduciariamente e que a construtora vinha encontrando dificuldade para cobrar. Decidiu vender esses créditos para a Ourinvest. Créditos supostamente podres.

A Ourinvest cobrou os devedores pra valer e foi ganhando nas diferentes instâncias da Justiça. Até que chegou na última e derradeira, e a Ourinvest ganhou.

Ou seja, finalmente o mercado imobiliário sustentava-se num marco regulatório, com as garantias essenciais para que pudesse crescer e prosperar.

Mais adiante vieram os governos petistas com a nova matriz econômica e com o truque fajuto e perverso de aumentar os prazos e reduzir artificialmente juros para caber no bolso de mais brasileiros.

É o truque mais mambembe e canalha que existe. Dura em torno de 5 anos, e quando a suposta mágica revela-se, constata-se o que estamos vendo hoje no Brasil.

Uma crise criminosa e descomunal.

E o mercado imobiliário multiplicou-se por cinco em poucos anos.

E é nesse exato momento que nasce a PDG. O símbolo de um momento específico, histórico e emblemático do mercado.

O ápice da loucura é o ano de 2011. Em poucos anos abre o capital, vira blue chip – o mercado de ações adora enganar-se – empanturra-se de dinheiro e faz um descomunal estoque de terrenos.

Todo o final de semana um novo lançamento.

Em dezembro de 2011, ostentava um VGV – Volume Geral de Vendas de R$ 9 bilhões. Do zero a 9 bilhões em poucos anos... E como era de se esperar, tirados todos os artifícios e tendo voltado o mercado à realidade a PDG literalmente explode.

RECUPERAÇÃO JUDICIAL!

Meses atrás, apresentou seu plano de recuperação.

Em verdade, 38 planos junto a 1ª vara de falências da cidade de São Paulo.

Débitos totais de R$ 7,3 bilhões. São 27 mil credores, pessoas que compraram imóveis e permanecem aguardando, mais os bancos do Brasil, Bradesco, Caixa, Itaú, dentre outros credores.

Lembra? Dezembro de 2011, blue chip na Bovespa, e um VGV de R$ 9 bilhões... 2017, suas ações caíram, considerando-se todas as movimentações, de próximo de 500 reais cada ação, para centavos...

E nos poucos lançamentos que tentará fazer, enquanto aguarda a manifestação da Justiça – fala em R$ 300 milhões de VGV, no máximo e se tudo der certo R$ 500 milhões. De 9 bilhões de 2011, para 300 milhões de 2017...

Será que todos aprenderam a lição?

Será que as múmias patéticas da tal da Nova Matriz Econômica entenderam a dimensão do estrago?

Será que os jovens e alucinados empreendedores que resolveram aproveitar e aproveitar-se do boom fake do mercado imobiliário e criarem uma empresa PDG igualmente fake entenderam que imóvel leva tempo para planejar, aprovar, construir, vender? Que não é mesa de jogo onde se blefa e se especula o tempo todo?

E será que nós, brasileiros, vamos continuar assistindo candidamente esses absurdos e fingindo acreditar que a explosão não nos alcançara a todos?

Quantas ENCOLS e PDGS serão necessárias para que finalmente a lição seja um dia aprendida?

10
MARKETING LEGAL

Como é bonito o Paraguai. É o que dizem os industriais brasileiros que cansaram de esperar a reforma tributária do país, e a poda no cipoal burocrático que asfixia a todos e decidiram atravessar a ponte. Produzem lá, a poucas horas dos grandes mercados brasileiros, e, vendem aqui. Dezenas de empresas brasileiras viraram paraguaias. Inclusive uma das mais emblemáticas de todos os tempos: a ESTRELA.

E no ano que passou os smartphones da SAMSUNG não pararam de explodir. E a empresa colocou a culpa nos fornecedores. E as pessoas descobrindo que as principais manifestações do ambiente digital, como um "feice", por exemplo, dispõe de mecanismos que garantem a sucessão "pós-partida" dos detentores de páginas. É só deixar tudo nos conformes.

Empresas do mundo inteiro manifestam sua indignação diante do festival de fraudes que caracteriza a publicidade no ambiente digital. Muito especialmente nos dois principais players que são, ao mesmo tempo, protagonistas e auditores. Google e "Feice" é que metrificam suas performances e informam às empresas como foi a audiência e o eventual ROI – retorno sobre o investimento.

No mesmo momento em que o Google completa 21 anos e conclama a todos, "JUNTOS DÁ PRA FAZER MELHOR". E os quase todos sorriem e desconversam. Não dá para confiar...

Hortencia, Moacyr Franco e Erasmo Carlos atormentam a vida dos clientes de diferentes empresas via telemarketing. E ser empresário no Brasil é coisa para maluco e todos os demais absolutamente desprovidos de juízo. No dia da mentira a AMBEV aproveitou para comemorar contando um monte delas.

COMO É BONITO O PARAGUAI...

Voltamos a ouvir a música. Lembra?

Se você tem menos de 50 não deve se lembrar: "Dónde estás ahora cuñataí, Que tu suave canto no llega a mí, Dónde estás ahora? Mi ser te añora con frenesí...".

No início eram as sacoleiras que atravessavam a ponte. Iam, e voltavam carregadas de tranqueiras. Muitas assaltadas nas madrugadas dos ônibus carregados de muamba.

Agora são os industriais sacoleiros. Que em suas sacolas levam fábricas completas. Produzem lá e vendem aqui, legalmente. Mais e melhor.

Não tão ótimo como as indústrias de cigarro que pertencem ao presidente daquele país e caminham para deter 50% de todo o consumo de cigarro do Brasil via contrabando. Mas esse é outro assunto.

O fato é que o parque industrial brasileiro, nesse ritmo, brevemente se mudará para o Paraguai. Dentre as infinitas, irresistíveis e irrefutáveis razões, o depoimento do empresário Zenildo Costa que, depois de ver falir sua fábrica de aventais descartáveis no Brasil, mudou-se e prospera no país vizinho: "Se fosse no Brasil, a energia elétrica custaria 70% mais caro, o funcionário custaria o dobro e a matéria-prima estaria pagando 35% de impostos para importar da China".

O melhor modelo Parasil ou Brasilguai, segundo Sarah Saldanha, gerente de internacionalização da CNI – Confederação Nacional da Indústria – é a Integração Produtiva. "As empresas brasileiras têm encontrado no Paraguai uma ambiência interessante para desenvolver a Integração Produtiva, ou seja, manter suas operações no Brasil e fortalecer essas operações no que diz respeito ao design, inteligência do processo produtivo, e produzir, finalizar o produto no Paraguai".

E claro, vender onde existe mercado; Brasil! Não é ultra mega super "brite" inteligente? Só nós que não acordamos...

Em todas as palestras que faço pelo Brasil sobre BRANDING, logo no início, exibo em um slide 50 das marcas mais respeitadas em todo o país. Dou um tempo e pergunto, "dentre todas essas marcas, qual mexeu mais com vocês". E todos os presentes, com raríssimas exceções, urram: ESTRELA!

Pois é, dia desses, na *Folha*, Carlos Tilkian, controlador e presidente da ESTRELA anunciou que parte da empresa está se mudando para o Paraguai. "O Brasil nunca teve uma política de desenvolvimento industrial... e tem uma legislação trabalhista feita por Getúlio Vargas e que só agora o governo considera alguma mudança... Por isso fomos à China... Por isso vamos para o Paraguai."

Como se não fosse suficiente, no mês de outubro de 2016, o governo do PARAGUAI publicou um anúncio nos principais jornais brasileiros conclamando nossos industriais a se mudarem para lá.

Aqui, do lado, a pouco menos de duas horas de avião, com todas as vantagens mais que óbvias em economias modernas e competitivas, e com nenhuma das desvantagens de economias retrógradas, emboloradas e corrompidas como a brasileira. Melhor ainda, com um dos maiores mercados do mundo, vizinho, à inteira disposição, o BRASIL!

Pergunta que não quer calar: por que ainda as indústrias brasileiras resistem em permanecer por aqui? Por inércia, a única resposta possível e consistente.

No passado, pelas características e cultura de fabricação, mudar-se uma indústria levava anos. Hoje se muda uma indústria de automóveis, por exemplo, em meses; e meses depois começa-se a produzir no novo local.

Isso posto, ou reinventamos o Brasil agora, ou é melhor nos acostumarmos definitivamente com guaranias e voltarmos a beber a cachaça paraguaia Aristocrata...

"Una noche tibia nos conocimos, junto al lago azul de Ypacaraí...".

DUPLO TESTAMENTO

Há 20 anos, Toquinho e Vinicius, em *Testamento*, advertiam, "Você que só ganha pra juntar, o que é que há, diz para mim, o que é que há?"

Não havia absolutamente nada que não fossem ganância e ambições desmedidas. Mas assim era a vida, assim era o mundo. E aí veio a digisfera... E na música, o aviso ou advertência, "Por cima uma laje, embaixo a escuridão, é fogo, irmão! É fogo, irmão!".

Hoje temos duas heranças ou testamento se é que acreditamos que o que temos nos pertence. Se é que acreditamos que nossa eventual riqueza é produto de nossas virtudes e competências, ou quase casualidade das circunstâncias. Se somos agentes, ou meios e mulas, a quem a sorte e o destino confiaram missões específicas. Tipo, Sargento Garcia!

Eu acho que faço parte mais da segunda corrente. A dos que acreditam que somos meros portadores. Que nossos eventuais e privilegiados cérebros têm tanto valor quanto as barrigas de aluguel. Que o que produzem não nos pertence, e assim encaro de forma irrelevante e desproposada o tal do direito autoral...

Mas voltemos ao segundo testamento ou herança – tudo o que temos produzido e depositado na digisfera. Internet e redes sociais, caminhadas pelo Google, pelas lojas virtuais, pela Wikipédia, pelas estrelas e universo. O que vai acontecer com tantos bytes mais seus bits?

Vez por outra a notícia da morte. De um querido amigo que foi descansar supostamente para sempre. Seus outros 20, 50 ou 5.000 amigos, por exemplo, do "Feice", não ficam sabendo. Sua página continua. Suas fotos, registros, emoções, sentimentos, palavras, comentários.

Durante dois ou três anos muitos continuam manifestando-se em seu aniversário, desejando ao finado "muitos anos de vida". Tudo isso é muito novo, mas, agora fico sabendo, vem sendo tratado e orientado e disciplinado pelas principais plataformas.

Outro dia, Tim Herrera do *New York Times* foi atrás do assunto e trouxe relevantes informações. Comentários esses traduzidos por Terezinha Martino e publicados pelo *Estadão*.

Segundo Tim, todos os serviços on-line e redes sociais têm suas regras. Mas pouco e mal divulgadas, não são seguidas pela maioria das pessoas. E recomenda, "nos últimos 20 anos muitas pessoas trocaram o real pelo digital; espalharam-se, numa boa, pela internet abrindo contas em diferentes sites e portais". Suas fotos, às centenas ou milhares, vagueiam pela digital quase como almas perdidas... Assim, jamais se esqueça de fazer um Testamento no e para o Digital. Específico e claro.

Segundo Tim, no "Feice", de verdade "a rede social do mundo", você pode designar, em vida, uma pessoa para cuidar de seu perfil pós-partida. Essa pessoa pode mudar a foto e fazer posts específicos. Mas seu "testamentário" jamais terá acesso as suas mensagens. Ou seja, jamais poderá modificá-las e nem mesmo deletá-las.

No Instagram tudo o que pode fazer é transformar sua conta num memorial. E fim! Já para o Twitter, Snapchat, Linkedin e Tumblr não existe nem testamentário e muito menos sucessor. O máximo que se pode fazer é deletar o usuário; e no caso do Twitter e Snapchat, mediante o fornecimento de um atestado de óbito.

Já o Google, e segundo Tim, é mais compreensivo e generoso. Até dez pessoas podem cuidar da conta do falecido, uma espécie de conselho de família e amigos, ou curadoria pós-morte. Recomenda calma e sensibilidade na decisão a ser tomada.

E termina, recomendando: Todo cuidado ao confiar suas senhas a uma pessoa de sua verdadeira, total e infinita confiança; claro, se existir.

Se para Toquinho e Vinicius, "pois é, amigo, como se dizia antigamente, o buraco é mais embaixo", agora o buraco, além de embaixo, é em cima, e nas nuvens... E se fazer testamento o assustava e causava desconfortos, agora são dois.

Ou nenhum; caso você tenha incorporado para sempre e em sua vida o botão F....

AÇODAMENTO + SUBMISSÃO = EXPLOSÃO

De tão fortes e frequentes explosões, tão cedo a Samsung não conseguirá dormir em paz. Ou conseguirá, diante da lei da mordaça e do silêncio que impera na maior empresa da Coreia do Sul.

19 de agosto de 2016. Com toda a pompa e circunstância que precedem os lançamentos da empresa, o Note 7 foi oficialmente apresentado ao mundo. Quinze dias depois, e após centenas de explosões em diferentes países, a Samsung se manifesta:

> "Recebemos várias informações sobre a explosão da bateria do Note 7. Foi confirmado tratar-se de um problema de bateria", Kohdong-Jin, diretor do departamento de mobile.
>
> Na imprensa mundial o relato de centenas de explosões. Na manifestação oficial da empresa, "até o dia 1º de setembro ocorreram 35 casos, que foram relatados globalmente e estamos realizando uma inspeção completa com nossos fornecedores para identificar possíveis baterias afetadas no mercado onde os produtos já foram vendidos...".

Mas, e por via das dúvidas, "como a segurança dos nossos clientes é uma prioridade absoluta para a Samsung interrompemos as vendas do Galaxy Note 7 nos países onde o produto já estava sendo comercializado... A Samsung destaca que o produto ainda não foi comercializado no Brasil e seu lançamento no país será adiado...". Em verdade, cancelado definitivamente.

A Samsung é boa e rápida para fazer produtos. É competente. Péssima no marketing. E quando, no desespero, pisa no acelerador, atropela. Faz merda. Fez merda. Tão simples quanto. Mas até admitirem e fazerem um mea-culpa de verdade...

No dia 23 de janeiro de 2017, a explicação oficial e final. O que disse a empresa:

"Bateria grande demais para o espaço projetado, fazendo com que eletrodos que deveriam permanecer separados se sobrepusessem causando aquecimentos e curtos-circuitos...".

Diante das primeiras reclamações e explosões, a empresa correu e contratou uma empresa terceirizada para produzir as baterias... "essa empresa entregou as peças internas da bateria sem algumas soldas essenciais, o que determinava deformações no isolamento da bateria"... e, em vez de resolver, piorou.

Buuuuummmmmm! Merda total. Comportamento medíocre e inaceitável de uma empresa da dimensão da Samsung.

A Samsung é responsável por 20% do total das exportações sul-coreanas. É uma empresa moderna e de ponta naquilo que faz. Uma empresa envelhecida em seu modelo organizacional e muito especialmente na cultura interna. Hierarquia vertical rígida, liderança pela submissão e pelo silêncio. Da média gerência para baixo, todos de bico calado. Ninguém ousa questionar...

Comentando o affaire Note 7 em matéria do *New York Times*, fornecedores da Samsung disseram que a cultura do silêncio e aceitação radicalizou-se nos últimos anos devido à concorrência acirrada, muito especialmente com a Apple: "Os gerentes se sentem pressionados o tempo todo, e cobrados mediante ameaças. Trabalham sob medo e na expectativa de, em não cumprindo as metas, perderem o emprego".

Em depoimentos sob sigilo ao *New York Times* sobre o Note 7, executivos da empresa disseram que a pressão chegou ao máximo. Era preciso lançar o Note 7 antes do iPhone 7.

Confirmados pelo diretor da unidade de dispositivos móveis, D.J.Kohn, depois de consumada a tragédia: "Sentimos uma dolorosa responsabilidade por nossa falha em testar e confirmar que tínhamos problemas com o design e a manutenção das baterias antes de lançar o produto no mercado...".

Fica o registro. Fica a lição. Tirando o Note 7 e outros poucos equívocos, a Samsung fabrica produtos de boa qualidade. Mas sua relação com os clientes é péssima, truculenta, desrespeitosa. Assim, não possui crédito em quantidade suficiente para suportar novas cagadas de idêntica proporção. Isso no tocante ao curto e médio prazo.

No longo prazo, somos absolutamente céticos sobre o futuro da empresa independentemente de seu poder, dimensão e resultados de hoje. Se não conseguir rever seu modelo organizacional, se não oxigenar radicalmente sua cultura, é forte candidata a um espaço privilegiado no "Museu de História Natural" do Admirável Mundo Novo. Em alguma pequena sala de final de corredor...

MUITO MAIS QUE 50%

Vivemos o caos na comunicação. As plataformas analógicas e convencionais debilitam-se. As digitais "bullinizam" as empresas tirando proveito diante da ignorância e do novo.

Há anos, dizia-se, tanto Henry Ford como o empresário do varejo, John Wanamaker, "Eu sei que metade dos dólares que invisto em publicidade é perdida. Só não sei qual a metade".

Se isso continua sendo verdade, no analógico por total, absoluta e injustificável falta de métricas depois de décadas, no digital a situação é mais grave ainda. Em muitos casos, não mais que 10% chegam ao destino e sabe-se lá como.

Em quadro publicado pelo CENP Em Revista, e apresentando os resultados de pesquisas realizadas por Bob Hoffman devidamente consolidadas em estudo da WFA – World Federation Advertisers – a síntese é a seguinte: de cada 1 dólar investido em mídia digital 60 centavos ficam com intermediários; dos 40 centavos sobreviventes 20 centavos ficam pelo caminho em "mídia invisível". Dos 20 centavos restantes 4 são consumidos por fraudes, 11 suportam anúncios entediantes. Sobram 5 centavos. E desses 5 centavos 2 perdem-se em visualizações interrompidas com 1 ou dois segundos.

Ou seja, de cada um dólar apenas 3 centavos são investidos em veiculações efetivas. Mesmo admitindo-se, ao invés de 3, 10 centavos, estamos diante de um estelionato.

Coisas de tempos de ruptura e transição. Como dizia Antonio Gramsci, citado à exaustão pelo saudoso Zygmund Bauman, "A crise consiste precisamente no fato de que o velho está morrendo e o novo ainda não pode nascer. Nesse interregno, uma grande variedade de sintomas mórbidos prevalece". O tal do buraco no meio.

E aí veio a conferencial anual do IAB – Interactive Advertising Bureau – e a palestra de Marc Pritchard, CBO da Procter & Gamble, e chairman da ANA – Association of National Advertisers – que congrega mais de 1.000 empresas e 15 mil marcas que investem quase 300 bilhões de dólares por ano em todo o mundo.

Todos pararam para ouvir. Pela primeira vez, as empresas finalmente se posicionavam diante das plataformas digitais.

O que disse Marc, na minha leitura, claro:

1. As empreses estão sendo roubadas;
2. Por ação, omissão ou dissimulação "Feice" e Google lideram a roubalheira;
3. Ou se faz alguma coisa já, ou se suspende de imediato todos os investimentos no digital.

Em verdade, o grosso do dinheiro do principal buscador e da principal rede social não vem das 1.000 maiores empresas e 15 mil marcas. Vem de dezenas de milhões de pequenas empresas, e milhões de marcas pulverizadas mundo afora, ou seja, Google e "Feice" poderiam, com a maior naturalidade, darem de ombros e mandarem Marc e a ANA catarem coquinho.

Mas não é bem assim que funcionam os negócios, e mesmo que não sejam os heavy users das plataformas, formam opinião e ainda contam com a adesão, simpatia e dependência das plataformas analógicas que, mesmo debilitadas e sangrando, ainda conversam e influenciam o ambiente corporativo como um todo.

Qual a solução? No curtíssimo prazo, nenhuma. O embate vai prosseguir. De um lado empresas procurando se informar e cercar-se melhor da orientação de verdadeiros especialistas; do outro os gigantes revelarem disposição para abrirem suas caixas-pretas. Hoje jogam o jogo, são os donos da bola, e ainda arbitram...

Mais adiante, e desanuviando ou clareando com o passar dos anos, o nascimento de um novo prestador de serviços, no lugar das tradicionais e obsoletas agências de publicidade: as agências de branding – atenção, eu disse branding, não brand.

De outro, a contribuição inestimável de Google, "Feice" e outras plataformas, que conseguirão, finalmente, como faziam as velhas e boas listas telefônicas, tornar acessíveis a comunicação às micro e pequenas empresas – futuros gigantes de amanhã.

E do terceiro, plataformas analógicas sobreviventes devidamente reposicionadas, dentro do novo entendimento que mesmo tendo dois ambientes o mundo continua sendo um só. Da mesma forma como os receptores das mensagens que transportam para seus anunciantes.

Que todos os caminhos levam à velha e boa Roma. No caso, o tal do Cliente.

E que muito antes do que se imagina chegaremos lá! Mas até lá, prevalece o caos.

A CAIXA-PRETA

Leio emocionado o anúncio do Google. Que bom ver o deus todo poderoso, absoluto no digital, recorrendo às plataformas analógicas, convencionais, orgânicas.

Na medida em que, finalmente, abre uma pequena e restrita janela para o início de um diálogo, querido deus Google, quero começar pelos agradecimentos.

Por tudo o que você tem feito pela melhoria de nossas vidas. Agora ficou infinitamente mais fácil encontrar e reencontrar ideias, conceitos, lugares, pessoas, amigos, novidades, informações.

Agora nem mesmo perdemos tempo em tentar guardar tudo, em criarmos artifícios para facilitar a memorização; qualquer dúvida, e sempre existem e são muitas, é suficiente recorrer ao deus Google, e em frações de segundo tudo resolvido.

Conclusão, estamos liberando cada vez mais espaço em nosso cérebro para todas aquelas informações, códigos, referências, que ocupavam muito do seu limitado espaço no correr de décadas, séculos, milênios.

Ainda tenho guardado, por exemplo, frases e provérbios anteriores a Cristo, o filho do outro Deus. Dentre essas, por exemplo, uma que muitos atribuem a Fernando Pessoa – Navegar é preciso, viver não é preciso. Mas que em verdade já se encontra em Camões e, de verdade mesmo, é anterior a Cristo mais ou menos uns 100 anos, do escritor romano Plutarco, da obra "Vida de Pompeu" – "Navigare Necesse, Vivere Non Est Necesse".

E não temos feito outra coisa, deus Google, navegando diária e intensamente em mares nunca dantes imaginados servindo-nos de seus préstimos.

Assim, e por tudo isso, muito obrigado.

Mas, e voltando ao anúncio, finalmente uma porta que se abre, você olha para nós todos, pobres mortais, e diz, "JUNTOS DÁ PARA FAZER MAIS". Acho que já li essa frase e promessa em alguma campanha política recente. Mas, diante da luz que vaza pela fresta da porta, por que não acreditar?

No texto, diz, "Juntos dá para fazer mais/é nisso que a gente acredita".

Quase chorei, emocionado! Nós também, prezado deus. É só isso que queremos: trabalhar juntos!

Mas, prossegue no texto, contando pequenas e alentadoras histórias, como a da Tress Cabelos a Zee Dog, a Loggi... que bom! Mais emoção!

No final, uma espécie de aceno, quem sabe compromisso, "O Google está aqui para conectar o seu negócio aos clientes certos. Pessoas que buscam na web pelos produtos e serviços que sua empresa oferece".

E finaliza, afirmando, "Trabalhando juntos assim dá para fazer muito mais". Chorei! Não acredito!

Aceito seu convite, apelo, provocação, como você, querido deus, quiser intitular essa espécie de manifesto-convocação. Vamos nessa. Quero casar com você. Agora, já. Imediatamente.

Mas tem um pequeno detalhe que me incomoda, constrange, e inibe uma entrega fraternal e amiga ao meu adorado deus. Não consigo olhar nos seus olhos.

Pior ainda, nem mesmo enxergo seus olhos.

Perdem-se no conjunto de sua face. Ouvi tudo o que você disse com a guarda baixa, coração escancarado e pronto para me entregar por inteiro.

Como, cá entre nós, tenho feito em todos os últimos anos; mesmo não conseguindo testar a verdade em olhos que não vejo você é irresistível.

É isso, meu deus. Onde eu assino? Por favor, ao menos por alguns segundos olhe nos meus olhos. Deixe-me ver os seus. Será que você esconde alguma coisa?

Acompanho você desde seu nascimento.

Antes que eu me esqueça, parabéns pela maioridade, pelos 21 anos. Larry e Sergey eram praticamente meninos. 22 e 21 anos, respectivamente. Lembro quando os dois começaram a trabalhar com o Backrub.

Quanta emoção quando vocês batizaram o deus como Google, no dia 15 de setembro de 1997. Metido que era me alistei no rol de admiradores e recebi a primeira edição do Google Friends Newsletter.

Faltava um reconhecimento ao recém-nascido. E veio pelo PC Magazine que foi definitivo, "O Google tem uma habilidade fantástica para retornar resultados extremamente relevantes". E colocou você, deus, entre os TOP 100 Web Sites de 1998.

Paro a história por aqui. Nesses 21 anos, uma vitória atrás da outra. Sucessos, conquistas e mais e mais realizações.

E agora estamos aqui, finalmente, conversando.

Você estendendo a mão para este simples mortal, deus Google, e me dizendo que JUNTOS DÁ PRA FAZER MAIS. Eu acredito. E até acrescentaria MAIS E MELHOR! Mas sobra uma ponta de desconforto.

A relação não é totalmente justa. Agradeço, repito, pelos inestimáveis serviços prestados. Mas dei tudo o que tinha e muito mais. Escancarei minha vida para você; literalmente, arregacei, meu adorado deus. Mas, repito, não consigo olhar em seus olhos; tentar entender o que guarda em seu coração?

Quando, finalmente, conseguirei olhar para você nos olhos, tendo a certeza absoluta que nossa relação é igual, justa, verdadeira.

Que não estou sendo vítima do mais cruel, covarde e irresistível bullying de toda a história da humanidade? Eu e bilhões de pessoas sobre a face da Terra?

NET, HORTENCIA, ERASMO CARLOS e MOACYR FRANCO

Reservei os feriados do Carnaval para colocar em ordem uma série de providências que fui deixando para depois. Dentre outras, trocar um ponto digital da NET por um HD.

Ligo para a NET, sou atendido por uma simpática jovem, com indisfarçáveis e insuperáveis dificuldades de fala. Nada contra, mas talvez fosse melhor aproveitada em funções internas. Deixa pra lá. Depois de perguntar e anotar ficou combinado que viria um técnico trocar o ponto digital pelo HD – simples troca de aparelho – na segunda--feira.

Segunda-feira, chega o técnico e o conduzo até o local. Faz cara de dúvida e me pergunta: "O senhor vai trocar o seu ponto digital por um outro ponto digital? Não faz sentido".

Conclusão, a simpática jovem não entendeu e anotou errado. Diz o técnico que não pode realizar o procedimento. Que preciso agendar novamente.

Levo o técnico até o elevador e ligo para a NET.

Uma outra jovem simpática me atende. Conto tudo o que aconteceu e ela agenda para o dia seguinte.

Chega o técnico, abro o elevador e ele está olhando a caixinha que fica na parede. Traz consigo um grande rolo de fios e uma série de equipamentos. Tremo!

Levo o técnico até o local e ele me pergunta por que eu pedi um quarto ponto digital. Repito a história, digo que não pedi, pura e simplesmente queria trocar o digital pelo HD.

Claro, ele diz que não pode realizar o procedimento, que é para eu ligar para a NET, o que acabo de fazer, de contar toda a história, e o atendimento acontecerá no próximo sábado.

Quanto tempo perdido, da minha parte. Quanto tempo e dinheiro perdido pela NET.

Nada contra as simpáticas jovens que me atenderam pelo telefone e anotaram tudo errado. São pessoas que por falta de alternativa ou até mesmo restrições físicas trabalham com telemarketing.

Pessoas de origem simples, que provavelmente carecem de uma boa alimentação, que moram distantes do local do trabalho, com um nível escolar baixo, e tudo o mais. Como, infelizmente, quase a maioria dos brasileiros. E que precisam e merecem emprego, e têm todo o direito ao trabalho.

E aí vem a pergunta, onde está o problema?

Na empresa, na NET ou em seus terceirizados? Têm total e absoluta consciência das deficiências da mão de obra que contratam. E assim, teriam de superar essas deficiências com treinamento intensivo e rigoroso. Em respeito a essas pessoas, em respeito a seus clientes, e em respeito ao tempo e dinheiro da própria empresa, NET.

Assim, não estou comentando esse fato para reclamar de ninguém, para execrar quem quer que seja, e muito menos crucificar a NET que, bem ou mal, acaba dando emprego para pessoas com enormes dificuldades em se colocarem.

Mas apenas pedindo à NET, às demais empresas de tvs por assinatura, às empresas de telefonia, aos bancos, à Hortência, ao Moacyr Franco, e Erasmo Carlos, e a todos os demais que usam o telefone para a prestação de serviços, que sejam mais cuidadosos na preparação e treinamento dos atendentes.

Apenas isso.

"VOCÊ É UMA ZEBRA, MEU FILHO. VÁ SER EMPRESÁRIO"

É isso. Apenas isso. Tudo isso.

A vontade é de gritar e sair esbofeteando todos ao redor. Que merda!

Todos adoram todas as árvores menos uma. A árvore EMPRESÁRIO.

Por sinal, a única que produz empregos num país que tem 12 milhões de desempregados e outros 12 milhões tentando ingressar no mercado ou que desistiram de procurar.

Vejo, perplexo e estupefato, a longa, exaustiva e inútil discussão que se trava no Brasil nos últimos 20 anos.

Todos falam de tudo e têm, em tese, solução para todos e tudo. Não vejo ninguém abrindo o peito, soltando a voz e urrando: VAMOS MULTIPLICAR OS EMPRESÁRIOS EM NOSSO PAÍS! VAMOS CRIAR TODAS AS CONDIÇÕES E ESTÍMULOS PARA QUE MILHÕES DE EMPRESAS BROTEM E PROSPEREM.

Lembra, EMPRESA, eu disse: A ÚNICA ÁRVORE QUE DÁ EMPREGO!

Matéria recente do ESTADÃO é devastadora. Se você assina o jornal não deixe de ler. Se não, assine, mais que na hora de fazer uma assinatura digital. Precisamos muito que os jornais sobrevivam. Bem baratinho.

A matéria fala de um estudo realizado pela FGV/SP e que acaba de ser divulgado: "86% DAS EMPRESAS NO BRASIL OPERAM COM PELO MENOS UMA IRREGULARIDADE". Isso mesmo, de cada 10 empresários que me leem agora, nove têm algum tipo de irregularidade.

Hamilton Dias de Souza, meu companheiro de turma da São Francisco, um dos melhores tributaristas do país, presidente do ETCO – Instituto Brasileiro de Ética Concorrencial – escancara a merda que é ser empresário no Brasil.

AS TRÊS GRANDES CAUSAS PARA O RIDÍCULO ÍNDICE DE NEGÓCIOS ENQUADRADOS NA ABSURDA E ENSANDECEDORA LEGISLAÇÃO BRASILEIRA:

"Para começar, o sistema tributário cria problemas de interpretações enormes. Depois, há a quantidade absurda de tributos. Por fim, uma visão fiscal que não é isenta. A fiscalização, principalmente a federal, é quase que orientada para encontrar defeitos e multar a empresa".

O EMPRESÁRIO é, por princípio, definição e cultura, e para o fisco brasileiro, picareta, punguista, contraventor, bandido.

O BRASIL precisa plantar urgente a única árvore que comprovadamente produz empregos: EMPRESA.

O BRASIL, instituições, a maioria da imprensa, e, de certa forma, a opinião pública, ODEIAM OS EMPRESÁRIOS.

Definitivamente, não vai dar certo.

"HOJE É O DIA DA MENTIRA"

Com esse título, a AMBEV publicou no dia 1º de abril de 2014, um anúncio nos principais jornais do país a respeito de um suposto episódio de "pombos sendo triturados por máquinas...".

Segundo o anúncio, AMBEV, "uma das três empresas de maior reputação do Brasil, 164 anos de história de qualidade...".

Como é do conhecimento de todos, e por falar no DIA DA MENTIRA, a AMBEV não tem 164 anos, foi fundada no dia 1º de julho de 1999, portanto, mal completou a maioridade.

E, em hipótese alguma, a história da Antarctica e da Brahma, que contabiliza para contar uma "pós-verdade" no DIA DA MENTIRA, tem o que quer que seja com a nova empresa.

Provavelmente, a história da AMBEV e dos POMBOS é uma mentira tosca e grosseira, e, como tal, não pode ser aceita.

Mas imagino que os processos que a empresa enfrenta e enfrentou na Justiça não sejam MENTIRAS, e nem tenham sido contemplados pelo referido anúncio das POMBAS, pombas!

Por exemplo, recorro à internet e encontro, dentre centenas de denúncias em centenas de sites, no site ERA – ÉTICA E REALIDADE ATUAL – a transcrição de algumas das barbaridades que fazem parte da cultura da empresa. Separei apenas um pequeno trecho:

"Apesar de estar listada entre as 100 melhores empresas para trabalhar no Brasil", de acordo com o Instituto Great Place to Work, muitos funcionários estão extremamente insatisfeitos com o estilo de gestão da AMBEV, e a quantidade de processos trabalhistas é bem grande. Isto porque ela adota uma filosofia de trabalho baseada em metas, com foco total nos resultados e na eficiência. Assim, busca, ao máximo, cortar gastos e associar o ganho financeiro de seus empregados à produtividade e ao desempenho nas vendas.

Essa postura acaba, muitas vezes, criando um ambiente violentamente competitivo, expondo as pessoas que lá trabalham a situações humilhantes que violam sua dignidade. Por conta disso, diversas são as ações movidas contra a empresa por assédio moral.

No Sergipe, há uma reclamação trabalhista de alguns anos atrás em que um ex-funcionário alega que era obrigado, caso não cumprisse os objetivos determinados, a fazer flexões até a exaustão com o chefe lhe pisando as costas. Além disso, companheiros seus relataram que um de seus supervisores portava arma de fogo e chegou a dar tiros no emblema da concorrente.

Em 2014, a AMBEV teve recurso negado para anular uma condenação da Justiça por obrigar funcionários que não cumprissem metas a se deitarem em caixões, sendo às vezes representados por ratos e galinhas enforcados na sala de reunião.

Um ex-funcionário de Minas Gerais, que recebeu sentença favorável do TST por assédio moral, contou que os vendedores eram obrigados a usar saias, capacetes com chifres, batom, e a ouvir xingamentos dos superiores.

Em 2004, a empresa foi condenada a pagar R$ 21.6 mil em danos morais por obrigar o autor da ação a passar por um "corredor polonês", enquanto era xingado quando não cumpria as metas. Ainda, quem se recusava a entrar no tal "corredor" era obrigado a vestir uma saia e desfilar em cima de uma mesa.

Nesse caso, a AMBEV argumentou em defesa que os constrangimentos eram decorrentes do não cumprimento de metas e que as punições eram aplicáveis a todos, ou seja, não havia discriminação.

Talvez o caso mais conhecido, por conta do valor estabelecido como indenização, seja o da ação coletiva realizada no Rio Grande do Norte.

A empresa foi obrigada a pagar uma indenização no valor de R$ 1 milhão por impor situações vexatórias aos que não alcançavam os objetivos definidos, como o impedimento de se sentar durante as reuniões, a obrigação de dançar na frente dos outros e de usar camisas com dizeres ofensivos.

Em acordo extrajudicial firmado com o Ministério Público em 2008, a cervejaria reverteu parte da indenização em uma campanha contra o assédio moral veiculada nos meios de comunicação do estado...".

Paro por aqui.

Poderia passar o dia postando centenas e centenas de relatos sobre as "boas práticas" da empresa, mas a CULTURA E O JEITO AMBEV DE SER me embrulham o estômago e me estragam o dia. Tem quem admire e goste...

Especificamente em relação ao anúncio, anúncio feito e assinado por agência de publicidade, tenho o registro de centenas de publicitários e marqueteiros que prestaram e até prestam serviços para a empresa.

Não tenho um único de elogio e defesa e muito menos de amor à empresa. Todos os que insistem em continuar subservientes por uma questão de sobrevivência porca relatam a "relação cordial, justa, democrática e salubre" que a empresa impõe.

No chicote, de joelhos, com humilhação.

Não deveriam se submeter a essa estupidez. Mas respeito essa doentia dependência.

Isso posto, certamente os pombos não foram triturados. Mas pessoas sim, foram e continuam.

Converse com um fornecedor da empresa. De todas as áreas. Converse com seu amigo que trabalha numa agência de promoções que trabalha ou já trabalhou para a AMBEV. Prepare o estômago e leve saquinho para vômitos.

Ou apenas leia um das centenas de depoimentos que hoje permanecem na internet, testemunhando o desrespeito e as barbaridades.

"HOJE É O DIA DA MENTIRA."

Não esperava outra coisa que não fosse a manifestação da AMBEV.

Referências

Capítulo 1

Revista Veja, 02/11/2016, páginas amarelas 16 a 19.

Revista IstoÉ Dinheiro, 02/11/2016, capa e p. 44 a 49.

Revista Época Negócios, março/2017, p. 68 a 74.

Capítulo 2

Revista Exame, 12/10/2016, p. 88 a 90.

Revista Exame, 07/12/2016, p. 108 e 109.

Capítulo 3

Revista Época Negócios, setembro/2016, p. 46 a 54.

O Estado de S.Paulo, 25/03/2017, anúncio, p. A-9 a A-11.

Capítulo 4

Folha de S.Paulo, 06/03/2017, p. A-7.

Capítulo 5

MML – *Revista Época Negócios*, novembro/2016, capa e p. 34 a 47.

MML – *Revista IstoÉ Dinheiro*, 08/03/2017, p. 12.

Capítulo 6

Revista Exame, 07/12/2016, p. 116 e 117.

Revista Exame, 01/03/2017, p. 15.

Capítulo 8

Revista São Paulo, *Folha*, 24 a 30/07/2016, capa e p. 24 a 30.

Capítulo 9

Revista Exame, 15/02/2017, p. 52 a 54.

O Estado de S.Paulo, 13/03/2017, p. C-2.